Eric Becker

Projektcontrolling bei der Einführung der Standardso
mittelständischen Unternehmen

Bibliografische Information der Deutschen Nationalbibliothek:

Bibliografische Information der Deutschen Nationalbibliothek: Die Deutsche
Bibliothek verzeichnet diese Publikation in der Deutschen Nationalbibliografie;
detaillierte bibliografische Daten sind im Internet über http://dnb.d-nb.de/ abrufbar.

Copyright © 1997 Diplomica Verlag GmbH
Druck und Bindung: Books on Demand GmbH, Norderstedt Germany
ISBN: 9783838640051

http://www.diplom.de/e-book/219640/projektcontrolling-bei-der-einfuehrung-der-
standardsoftware-sap-r-3-in

Eric Becker

Projektcontrolling bei der Einführung der Standardsoftware SAP R/3 in einem mittelständischen Unternehmen

Diplom.de

Eric Becker

Projektcontrolling bei der Einführung der Standardsoftware SAP R/3 in einem mittelständischen Unternehmen

Diplomarbeit
an der Hochschule für Technik und Wirtschaft Dresden (FH)
Fachbereich Wirtschaftswissenschaften
Juli 1997 Abgabe

Diplom.de

Diplomica GmbH
Hermannstal 119k
22119 Hamburg

Fon: 040 / 655 99 20
Fax: 040 / 655 99 222

agentur@diplom.de
www.diplom.de

ID 4005

ID 4005
Becker, Eric: Projektcontrolling bei der Einführung der Standardsoftware SAP R/3 in einem mittelständischen Unternehmen
Hamburg: Diplomica GmbH, 2001
Zugl.: Dresden, Fachhochschule, Diplomarbeit, 1997

Diplomica GmbH
http://www.diplom.de, Hamburg 2001
Printed in Germany

Inhaltsverzeichnis

Abkürzungsverzeichnis

AAW	Auftragsabwicklung
ABAP/4	Advanced Business Application Programming/4
AS/400	Advanced System /400
bspw.	Beispielsweise
DCW	Doktor Claus Wellenreuter
DV	Datenverarbeitung
EPK	Ereignisgesteuerte Prozeßkette
ggf.	gegebenenfalls
i.d.R.	in der Regel
IMG	Introduction Management Guide
JDE	JDEdwards
MTA	Meilensteintrend-Analyse
OSS	Online Service System
PC	Personal Computer
PPS	Produktionsplanung und -steuerung
usw.	und so weiter
VGM	Vorgehensmodell

Glossar

ABAP/4	SAP-Programmiersprache der vierten Generation zur Entwicklung von Anwendungsprogrammen.
Advanced System/400	Die AS/400 ist ein Zentralrechnersystem von der Firma IBM, das meistens in mittelständischen Unternehmen eingesetzt wird.
Batch Input	Schnittstelle, die die Übernahme von großen Datenmengen in ein SAP-System ermöglicht. Die Erstübernahme von Altdaten sowie das periodische Einspielen von Fremddaten in das SAP-System erfolgt über Batch-Input.
Big Bang	Big Bang bedeutet, daß die Altsoftware mit der neuen Software zu einem fest definierten Zeitpunkt ausgetauscht wird.
Business Process Reengineering	Managementtechnik für die ganzheitleiche, radikale und prozeßorientierte Umgestaltung der Unternehmensorganisation mit Bezug auf die Kernprozesse, den Kunden und die Mitarbeiter.
Client-Server-Modell	Ziel des Client-Server-Modells ist die gemeinsame Nutzung aller im Unternehmen existierenden DV-Anwendungssysteme, Datenbestände und Rechnerbzw. Geräteleistungen durch alle dazu berechtigten Stellen.
Datenmodelle	Konzept zur strukturierten Beschreibung von Datenobjekten, ihren Attributen und Beziehungen untereinander. Es gibt verschiedene Arten von Datenmodellen, die von den zu definierenden Datenstrukturen abhängen (z.B. relationales Datenmodell).
Dokumentation	Gesamtheit aller Texte, die das SAP-System und seine Funktionalität beschreiben. Man unterscheidet zwischen Online-Dokumentation direkt am Bildschirm und schriftlicher Dokumentation in Form von Handbüchern.
Ereignisgesteuerte Prozeßkette	Eine grafische Darstellung und Beschreibung von Geschäftsprozessen. EPKs bestehen aus Ereignissen, die eine Momentaufnahmen einer Situation darstellen; Funktionen, die Aktionen darstellen; Pfeile, die anzeigen, in welche Richtung der Prozeß fließt; und logische Verknüpfungsoperatoren, die Alternativen darstellen. Diagramme für Szenario-Prozesse und Komponentenprozesse sind ereignisgesteuerte Prozeßketten.

generieren	Vorgang des Systems, der aus der Definition eines Berichtes ablauffähige Programme erzeugt. Aus diesen Programmen kann ein Bericht erzeugt werden.
Help Desk	Aufbau einer Organisation die die Überwachung und Optimierung des Systemeinsatz vornimmt, und ggf. Anpassungen bei der Dokumentation und den Systemeinstellungen durchführt.
Inhouse-Schulungen	Schulungsmaßnahmen in der nur MUSTER-WERKE-Mitarbeiter von der SAP geschult werden. Die Schulungsmaßnahmen können in Waldorf oder vor Ort in Münster veranstaltet werden.
Online Service System	Stellt dem SAP Kunden ein Informations- und Kommunikationspaket zur gemeinschaftlichen Nutzung zur Verfügung. Über das OSS haben Kunden und SAP-Partner die Möglichkeit, Probleme bzw. Fehlermeldungen an die SAP zu leiten oder Fehlerhinweise zu Problemen abzurufen.
Release-Wechsel	Hierbei handelt es sich um die Auslieferung neuer und erweiterter Anwendungskomponenten. Neue Releases werden in größeren Abständen geliefert. Die Nutzung der neuen Funktionalität erfordert Anpassungen und Ergänzungen des Sollkonzepts sowie der Systemeinstellungen.
Spreadsheet	Darstellung von Datenzusammenfassungen in einem Anwendungsprogramm (z.B. Excel, Access, Winword, Visio, usw.)
System-Upgrade	Programmkorrekturen, die in kürzeren Abständen ausgeliefert werden und Ihren Produktivbetrieb in der Regel nicht beeinträchtigen. Wichtige Korrekturen werden vorzeitig über das OSS (Hot-Packages) zur Verfügung gestellt.
Transaktionen	Eine Transaktion umfaßt einen logisch abgeschlossenen Vorgang im R/3-System (z.B. das Erzeugen einer Liste bestimmter Kunden, das Ändern der Anschrift eines Kunden oder das Erstellen einer Flugreservierung für einen Kunden, die Ausführung eines Programms). Aus Sicht des Benutzers stellt sie eine Einheit dar. Aus Sicht der Dialogprogrammierung ist sie ein komplexes Objekt, das aus Modulpool, Dynpros, usw. besteht und mit einem Transaktionscode aufgerufen wird.
Überbereichlichkeit	Überbereichlichkeit bedeutet, den Einsatz von verschiedenen Fachabteilungen zur Lösung der Projektaufgabe.

Tabellenverzeichnis

Abbildungsverzeichnis

Anhangsverzeichnis

1 Einleitung

1.1 Problemstellung

Sinkende Anschaffungskosten der Hardware und der Bedarf an fortgeschrittener Software zur Lösung zunehmender Komplexität der unternehmerischen Aufgabengebiete haben in dem Bereich der betrieblichen Datenverarbeitung zu einer Kostenverschiebung zwischen Hardware und Software geführt. Die Kosten für Software nehmen immer weiter zu, wobei die Hardware mit günstigeren und leistungsfähigeren Produkten am Markt angeboten wird. Der Versuch die betriebswirtschaftlichen Abläufe durch entwicklungs- und kostenintensive Individuallösungen abzubilden, wird zunehmend durch den Einsatz von Standardsoftware abgelöst, mit der erhebliche Rationalisierungspotentiale (z.B. geringe Anschaffungskosten, schnelle Implementierung, Geschäftsprozeßoptimierung) in der betrieblichen Datenverarbeitung ausgeschöpft werden sollen.

Die Einführung eines neuen DV-Systems stellt ein unternehmerisches Risiko dar. Zum einen müssen erhebliche Investitionen in Hard- und Software getätigt werden, zum anderen ist eine erfolg-reiche Einführung nicht in jedem Fall sichergestellt. Es gibt eine Reihe von Einfluß-faktoren, die das Risiko der Einführung bestimmen: Kenntnisse und Fähigkeiten der Mitarbeiter, Grad der Erfahrungen mit der neuen Technologie (Systemsoftware, Datenbank, Applikationen), Komplexität der Lösung und die Erfahrung bei der Einführung einer Standardsoftware.

Insbesondere muß die Strategie zur Einführung sorgsam gewählt werden ob Big-Bang oder eine phasenweise Umstellung auf die neue Software. Um diesen Risiken entgegenzuwirken, ist es sinnvoll, die Einführung unter Einsatz eines Projektmanagementsystems durchzuführen.

Die vorliegende Arbeit soll am Beispiel der Einführung der Standardsoftware SAP R/3 am Standort Ost, der Muster AG, den Einsatz eines Projektmanagementsystems untersuchen, um in einer späteren Implementierungsphase die konzernweite Umsetzung der R/3-Standardsoftware effizient durchführen zu können. Dazu wird zunächst ein theoretisches Konzept entwickelt, das die Analyse der ausgeübten Tätigkeiten des aktuellen Projektmanagements erlaubt. Anschließend werden, basierend auf dem theoretisch hergeleiteten Untersuchungsraster, die Anforderungen an ein Projektmanagementsystem für die Umsetzung der R/3-Implementierung auf Konzernebene untersucht. Die Betrachtung kann sich nicht nur auf die Controllingfunktionen des Projektmanagements beziehen, sondern muß als ganzheitliches Konzept die Anforderungen (z.B. integrative Abdeckung des Funktionsumfangs, Mitarbeiterschulungen, hoher Installationsaufwand, zusätzliche Schnittstellen) der R/3-Einführung abdecken. Aus diesem Grund wird auf die Funktionen der Projektplanung, der Projektaufbau- und -ablauforganisation bis hin zur Projektsteuerung und -überwachung eingegangen.

1.2 Zielsetzungen und Aufbau der Arbeit

Der Aufbau und die Gestaltung eines Projektmanagementsystems zur Implementierung der Standardsoftware SAP R/3 bei den Muster AG von Werner Muster GmbH+Co.KG ist Gegenstand der vorliegenden Arbeit. Das Pilotprojekt am Oststandort dient mit den Erfahrungen, die dort gemacht wurden, als Vorbereitung für eine konzernweite Einführung der R/3-Software.

Der theoretische Teil dieser Arbeit (Kapitel 2) beginnt zunächst mit Begriffsbestimmungen der für die vorliegende Arbeit relevanten Funktionen und Elemente (Kapitel 2.1). Daran anknüpfend werden die einzelnen Subsysteme des Projektmanagementsystems beschrieben (Kapitel 2.2). Diese Subsysteme (Projektplanung, Projektaufbau, Projektablauf, Projektcontrolling) bilden ein Untersuchungsraster, das die R/3-Implementierung mittels eines Projektmanagementsystems beschreibt.

Der praxisorientierte Teil (Kapitel 3) beginnt analog des in Kapitel 2 erarbeiteten Untersuchungsrasters mit einer Situationsbeschreibung; gleichzeitig werden die Schwachstellen (Kapitel 3.1) des aktuellen Projektmanagementsystems aufgezeigt. Aufbauend auf dieser Schwachstellenanalyse wird in Kapitel 3.2 ein Sollkonzept zum Projektmanagement bei der R/3-Einführung in Münster entwickelt.

Kapitel 4 faßt die Ergebnisse zusammengefaßt und gibt einen Ausblick.

Bei der Beschaffung der Informationen, die zur Umsetzung der theoretischen Erkenntnisse in die Praxis erforderlichen waren, wurden vor allem unternehmensinterne Quellen genutzt. Dabei sind in enger Zusammenarbeit mit dem Projektleiter des Projektes Oststandort die vorliegenden Ergebnisse erarbeitet worden.

Zu Beginn dieser Arbeit wurden in einer Orientierungsphase die am Projekt am Oststandort beteiligten Unternehmensbereiche aufgesucht und mit den verantwortlichen Personen Gespräche geführt. Zusätzlich standen unternehmensinterne Unterlagen des Projektleiters zur Verfügung. Weiterhin konnte über die gesamte Zeit der Erstellung dieser Arbeit am SAP-System gearbeitet werden, wodurch ein guter Überblick über den Systemaufbau gewonnen werden konnte.

2 Komponenten des Projektmanagements

In dem folgenden Kapitel sind zunächst die wichtigsten in dieser Arbeit verwendeten Begriffe definiert und voneinander abgegrenzt. Anschließend werden die Methoden, Werkzeuge und Ressourcen beschrieben, die in einem Projektmanagementsystem integriert sind.

2.1 Begriffsbestimmung und Abgrenzung

Projektaufgaben sind in der Regel komplex und erfordern funktionsübergreifendes Wissen[1]. Die Maßnahmen zur Durchführung eines Projekts werden unter dem Begriff Projektmanagement subsumiert. Die Planung, Steuerung und Kontrolle von Aufgaben, Personal und Betriebsmitteln im Sinne der Projektziele bilden die Schwerpunkte dieses Aufgabenkomplexes.

Projekt:

Drexl, Kolisch und Sprecher definieren ein Projekt wie folgt:

„Ein Projekt ist ein einmaliges, zeitlich, sachlich und räumlich begrenztes Vorhaben, das unter Verwendung knapper Ressourcen durchzuführen ist"[2].

Eine Ergänzung dieser Definition um die folgenden Punkte erscheint hierbei notwendig und wird in der DIN 69901 wie folgt beschrieben:

Ein Projekt ist ein Vorhaben, welches im wesentlichen durch folgende Merkmale gekennzeichnet wird[3]:

- Zielvorgabe,
- Abgrenzung gegenüber anderen Vorhaben und
- projektspezifische Organisation.

---

[1] Vgl. Krüger, W.: 1993 Sp. 3560-3570.
[2] Vgl. Drexl u. Kolisch u. Sprecher: 1997 S. 5.
[3] Vgl. Deutscher Normausschuß: DIN 69901: 1980.

Projektmanagement:

Projekte können nicht ohne administrative Maßnamen abgewickelt werden. Zu diesen Maßnahmen gehören die Projektplanung, die Projektverfolgung und die Projektsteuerung. Weitere
Punkte sind der Aufbau einer autarken Projektorganisation, eines Projektmanagements und
eines Projektteams. Das Projektmanagement hat eine integrierte Aufgabe, d.h. für die Bewältigung einzelnen Anforderungen müssen die verschiedensten Aufgabenkomplexe zusammen-
hängend bearbeitet werden. Um diesen Forderungen gerecht zu werden muß ein Projekt-
manager in Systemen denken können. Hieraus ergibt sich auch, daß Projektmanagement und
Systemtechnik eng miteinander verknüpft sind. Mit den Worten von Bölkow ausgedrückt,
bedeutet Systemtechnik: „Im ganzen Denken"[4]: Projektmanagement ist eine weitere
Integrationsstufe, in der zum Beispiel die Denkrichtungen des Ingenieurs (Systemtechnik),
des Betriebswirts (Controlling) und des Juristen (Vertragsabwicklung) im Interesse eines
gemeinsamen Zieles, nämlich des Projektzieles, zu einer einheitlichen Denkrichtung vereinigt
werden[5].

Projektmanagement ist infolgedessen die Gesamtheit von Führungsaufgaben, -organisation,
-techniken und -mitteln für die Abwicklung eines Projektes[6].

Im Hinblick auf den oben weit gefaßten Projektbegriff sind die Projektplanung, -steuerung
und -kontolle zentrale Aufgaben des Projektmanagements.

2.2 Projektmanagementsystem

Eine Projektmanagementsystem besteht aus den Modulen Projektplanung, Projektaufbauorganisation, Projektablauforganisation, Projektadministration und Projektcontrolling.

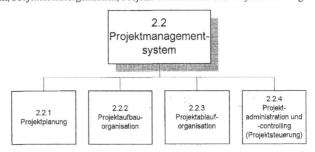

Abbildung 1: Darstellung der Komponenten eines Projektmanagementsystems[7]
Quelle: Eigene Darstellung

---

[4] Bölkow, L.: 1982 S.3.
[5] Madauss, B.J.: 1990 S. 11.
[6] Vgl. Reschke u. Schelle u. Schnopp.: 1989 S. 9.
[7] In den weiteren Ausführungen dieser Arbeit wird der Begriff Projektsteuerung synonym mit dem Begriff Projektadministration und -controlling verwendet.

Die Projektplanung bildet hierbei den ersten Teil der im Projekt festzulegenden Faktoren; in ihr werden die Ziele festgelegt, die mit dem Einsatz des Projektmanagementsystems erreicht werden sollen. Im nächsten Abschnitt werden die aufbauorganisatorischen Strukturen fixiert, die in die bestehende Organisation des Unternehmens eingebettet werden müssen. In einem weiteren Schritt wird die Aufbauorganisation durch die Definition der ablauforganisatorischen Strukturen mit Leben erfüllt. Im letzten Abschnitts diese Kapitels werden dann die Inhalte und Aufgaben des Projektcontrollings vorgestellt, die einen wichtigen Bestandteil des Projektmanagementsystems verkörpern.

2.2.1 Projektplanung

Zuerst werden an dieser Stelle die Elemente der Projektplanung und deren Inhalte vorgestellt. Die Projektplanung gliedert sich in die Punkte der Strukturplanung, Aufwandsschätzung, Ablauf- und Terminplanung[8]. Weiterhin unterteilt man die Projektplanung nach der Material- und Kapazitäts-, Kosten- und Finanzplanung[9]. Die verschiedenen Formen der Projektpläne werden am Ende dieses Kapitels erläutert.

Abbildung 2: Darstellung der Komponenten der Projektplanung
Quelle: Eigene Darstellung

Die Projektplanung ist eine Projektion in die Zukunft, und sie ist deshalb mit den Mängeln[10] behaftet, die einer Planung üblicherweise anhaften. Sie bedarf deshalb einer ständigen Iteration durch Hinzufügung neuer Erkenntnisse. Über den Überwachungs- und Steuerungsprozeß im Projektablauf werden die notwendigen Informationen zusammengetragen und mit den prognostizierten Werten in einem Plan-/Ist-Vergleich gegenübergestellt. Die daraus resultierenden Erkenntnisse werden zur Korrektur der Abweichungen verwendet.

2.2.1.1 Strukturplanung

---

[8] Vgl. Birker, K.: 1995 S. 37-114.
[9] Vgl. Burghardt, M.: 1993 S. 189ff.

In der Strukturplanung werden komplexe Vorgänge in überschaubare kleine Einheiten (Arbeitspakete) eingeteilt. Die Art und Güte dieser Unterteilung bestimmt die Zuverlässigkeit der Planung und die Wirksamkeit der Steuerung des Projektes[11].

Eine Strukturplanung wird in einem Projekt mit Projektstrukturplanung (im folgenden kurz: PSP) bezeichnet und ist ein Modell des Projektes, das die zu erfüllenden Projektleistungen hierarchisch und überschaubar darstellt.

Hierbei unterscheidet man die Darstellung der Projektstruktur z.B. nach Phasen, Funktionen und Objekten. Der Projektstrukturplan stellt die operative Basis für die weiteren Planungsschritte im Projekt dar, z.B. für die Ablauf-, Termin-, Kosten-, und Budget-/Finanzplanung sowie das Projektcontrolling.

2.2.1.2 Aufwandsplanung

Die Aufwandsplanung ist die Ermittlung der Kosten für ein geplantes Projekt in einer frühen Projektphase. Im Allgemeinen liegen zum Zeitpunkt der Aufwandsplanung noch keine genauen Daten (Zeichnungen, Strukturpläne, usw.) bzgl. des zu bearbeitenden Projektes vor. Vorhandene empirische Erkenntnisse können begrenzt angewendet werden und es bestehen weder modellartige Strukturen noch theoretische Zusammenhänge, so daß zu diesem Zeitpunkt noch nicht von einer Planung der Kosten gesprochen werden kann. Mit einer realistischen Planung der Projektkosten kann erst begonnen werden, wenn das Projekt konkretisiert wird.

Unterschiedliche Prognosearten und Ausgangsgrößen bei der Aufwandsplanung für Hardware- und Softwarevorhaben haben eine Vielzahl unterschiedlichster Schätzmethoden entstehen lassen. Sie unterscheiden sich in der Art ihrer Quelldaten als auch in der Form ihrer Zieldaten für die Aufwandsplanung. Als Zieldaten ergeben sich Personalaufwand, Kosten oder die Zeitdauer des Projektes. Auch der Einsatzzeitpunkt bezogen auf den Entwicklungsablauf sowie die jeweilige Einsatzbreite bei den einzelnen Methoden und Verfahren ist von Projekt zu Projekt unterschiedlich. Im Allgemeinen stellt eine Aufwandplanungsmethode einen funktionalen Zusammenhang zwischen bestimmten Produktgrößen (Mengengerüst) und den zu schätzenden Aufwänden bzw. Kosten - unter Berücksichtigung von Einflußgrößen (z.B. Dauer und Komplexität des Projektes) - her[12].

---

[10] Planerweiterungen bzw. Plankürzungen, ungenaue Prognosewerte, usw..
[11] Vgl. Reschke u. Schelle u. Schnopp: 1989 S. 230.
[12] Vgl. Burghardt, M.: 1993 S. 131.

Für die Aufwandsplanung von DV-Projekten sind in der Literatur verschiedene Schätzmethoden[13] dargestellt worden. Sie unterscheiden sich in:

- Algorithmische Methoden (Parametrische-, Faktoren- bzw. Gewichtungsmethoden),
- Vergleichsmethoden (Analogiemethoden) und
- Kennzahlenmethoden (Multiplikations-, Produktivitäts- und Prozentsatzmethoden).

In dieser Arbeit wird auf eine der Analogiemethoden, die **Funktionswertmethode**[14], näher eingegangen. In Kapitel 3, in der Ist-Analyse, wird das Aufwandsschätzverfahren nach dieser Methode vorgestellt.

2.2.1.3 Ablauf- und Terminplanung

Bei der Ablauf- und Terminplanung werden die zeitlichen Abfolgen der einzelnen Planungsschritte, die im PSP festgelegt worden sind, aufeinander abstimmt. Der Ablaufplan soll Auskunft darüber geben, welche Vorgänge voneinander abhängig sind und wie sie unter Berücksichtigung dieser Abhängigkeit angeordnet werden. Hierzu werden einem Vorgang der oder die Vorgänger und deren Nachfolger zugeordnet.

Die Terminplanung ist ein Hilfsmittel, um eine genaue zeitliche Koordination der einzelnen Aufgaben zu erreichen. Manche Aufgaben können parallel zu anderen bearbeitet werden, andere hingegen sind abhängig vom vorhergehenden Bearbeitungsergebnis. Diese Abhängigkeiten der einzelnen Schritte werden Anforderungsbeziehungen genannt[15].

2.2.1.4 Material- und Kapazitätsplanung

Der reibungslose Ablauf eines Projektes ist nur gegeben, wenn die notwendigen Ressourcen zur richtigen Zeit, am richtigen Ort, in der richtigen Art und Qualität und in der richtigen Menge zur Verfügung stehen. Es nutzt nichts, wenn beispielsweise die Ressource „Mitarbeiter" bereitsteht, aber nicht die notwendigen Sachmittel[16], die zur Bearbeitung einer Aufgabe notwendig sind. Um den eben genannten Forderungen gerecht zu werden, ist es erforderlich, die Material- und Kapazitätsplanung nach den folgenden Teilschritten durchzuführen:

1. Bedarfsermittlung; was wird nach der bisherigen Planung als Personal- und Sachmitteleinsatz benötigt?

---

[13] Hierzu Schultz, V.: 1995 S. 79-146.

[14] Vgl. Schultz, V.: 1995 S. 136, u. Albrecht, A.J.: 1979 S.83-92. In der Literatur wird der Zuordnung der Funktionswertmethode nicht immer gefolgt; so rechnet bspw. Burghardt, M. 1993 S. 135, dieses Verfahren zu den Vergleichsverfahren, wogegen Schulz es zu den Adaptionsverfahren zählt.

[15] Vgl. Birker, K.: 1995 S. 51.

[16] Krüger, W.: 1993 S. 139. Sachmittel können Computer, Software, Flug, Pkw, Bahn, Hotelkosten, Büromaterial usw. sein.

2. Verfügbare Kapazität; welche Ressourcen stehen dem Projekt zur Verfügung?

3. Plan-/Ist-Vergleich; wo ergeben sich Kapazitätsengpässe?

Nach der Kapazitätsanalyse ist der Kapazitätsabgleich zu planen. Hierbei gilt es einen Rahmen für einen reibungslosen Projektverlauf zu schaffen, der gewährleisten muß, daß die Ressourcen optimal aufeinander abgestimmt zum Einsatz kommen. Das bedeutet, sie müssen in Anpassung des Terminplans für jeden Arbeitseinsatz von Personal und Sachmitteln vorbereitet sein. Dabei ist zu prüfen, ob mit dem veranschlagten Mitteleinsatz die bisher geplante Dauer für die Bearbeitung eines Arbeitspaketes oder einer Projektphase eingehalten werden kann, oder ob Maßnahmen für eine Plan-/Ist-Korrektur getroffen werden müssen.

2.2.1.5 Kostenplanung

Unter Kostenplanung versteht man die Planung im Hinblick auf die Nutzung von Gütern und Dienstleistungen, die zur Durchführung einzelner Arbeitspakete, Vorgänge und letztlich des gesamten Projekts benötigt werden[17].

Die Kostenplanung soll folgenden Zielen und Zwecken dienen:

- Kalkulation und Preisermittlung,
- Überwachung der Wirtschaftlichkeit in der Projektdurchführung und
- kostenoptimale Gesamtbetrachtung des Projektes.

Einzelkosten müssen den richtigen Kostenverursachern zugeordnet werden. Diese Aufgabe wird durch die Klassifizierung der einzelnen Kostenträger erreicht. Die Kosten unterteilen sich in direkt zurechenbare und voraussichtliche Kosten. Die Kalkulation der direkt zurechenbaren Kosten ist unproblematisch, im Gegensatz zu den voraussichtlichen Kosten, den sogenannten Plankosten. Die Plankosten können mehr oder weniger zuverlässige Zukunftsprognosen berücksichtigen oder eine eher auf Vergangenheitswerten basierende Hochrechnung sein. Eine solche Prognose ist oft einfacher durchzuführen, aber in der Regel führt sie zu höheren Risiken in der Qualität der Ergebnisse. Die tatsächlich während des Projektverlaufs anfallenden Kosten werden als Ist-Kosten bezeichnet. Aus der Gegenüberstellung der Plan- und Ist-Kosten können Abweichungen festgestellt werden, auf die im Rahmen der Kostenkontrolle eingegangen wird.

---

[17] Vgl. Birker, K.: 1995 S. 96.

2.2.1.6 Finanzplanung[18]

Fallen in einem Unternehmen erhebliche Kosten durch ein Projekt an, welche die Liquidität des Unternehmens deutlich beeinträchtigen können, dann sollte man einen Projektfinanzplan erstellen. Dieser stellt eine Vorausschau der zu erwartenden Ein- und Auszahlungen im Projekt dar. Daran wird anschließend überprüft, ob bei einer Unterdeckung die zur Erfüllung der Zahlungsverpflichtungen benötigten finanziellen Mittel vom Unternehmen bereitgestellt werden können.

Eine Finanzplanung wird mit folgenden Zielen vorgenommen:

- Sicherung der Liquidität, also der Fähigkeit, fällige Zahlungen termingerecht erfüllen zu können,

- Wirtschaftlichkeit der Finanzierung, hierzu gehört, daß Finanzmittel nicht unnötig lange bereitgehalten werden müssen und

- der Erhaltung der finanziellen Unabhängigkeit des Projekts gegenüber dem Unternehmen.

Für das Projekt ist also konkret der Finanzbedarf bezogen auf den Finanzbedarf des gesamten Unternehmens, als Überschuß der zu erwartenden Auszahlungen über die Einzahlungen für ein jeweiliges Zeitintervall zu ermitteln. Ergeben sich Zeiträume mit angespannter Liquiditätslage, so ist rechtzeitig zu überprüfen, inwieweit eine Entlastung durch Ausgleich/Angleich der Projektplanung erreicht werden kann.

2.2.1.7 Projektpläne

In einem Projekt wird mit einer Vielzahl von Plänen gearbeitet, sie stellen ein System komplexer Plananordnungen in Bezug auf die Gesamtplanung des Projekts dar[19]. Aus den Projektzielen und -anforderungen leiten sich die Projektpläne und deren Rahmenbedingungen ab, d.h. wie sie aufgebaut, strukturiert und verwendet werden.

Burghardt unterteilt die Projektpläne in drei Gruppen (Projektplangruppen)[20]:

1. Organisations- und Strukturpläne,
2. Durchführungs- und Ablaufpläne und
3. Überwachungspläne.

In der folgenden Tabelle sind die Projektpläne in Bezug auf die Projektplangruppen dargestellt:

---

[18] Budgetplanung wird synonym mit Finanzplanung verwendet.
[19] Vgl. Hedwig u. Kellner: 1994 S. 146.
[20] siehe zu weiteren Ausführungen: Burghardt, M.: 1993 S. 263ff.

Organisations- und Strukturpläne	Durchführungs- und Ablaufpläne	Überwachungspläne
Arbeitsplan	Ausbildungsplan	Aufgabenplan
Kontenplan	Berichtsplan	Aufwandsplan
Produktstrukturplan	Dokumentationsplan	Balkenplan
Projektorganisationsplan	Einsatzmittelplan	Kostenplan
Projektstrukturplan	Inspektionsplan	Meilensteinplan
Prozeßorganisationsplan	Kommunikationsplan	Netzplan
Zuordnungsplan	Krisenplan	Terminplan
	Mitarbeitereinsatzplan	
	Qualitätssicherungsplan	
	Schulungsplan	
	Testplan	
	Zulieferungsplan	

Tabelle 1: Projektpläne
Quelle: Vgl.: Burghardt, M. 1993 S. 263-265.

2.2.2 Projektaufbauorganisation

Damit die Funktionen eines Projektmanagementsystems richtig in einem Unternehmen eingebettet werden, bedarf es einer Integration in die bestehenden aufbauorganisatorischen Strukturen. Die Projektaufbauorganisation kann in den folgend beschriebenen Formen aufgebaut
sein. Sie kann in die Einfluß-, Matrix-, reine Projektorganisation sowie das Projektmanagement in der Linie unterschieden werden[21] (dabei ist für diese Arbeit die Auftrags-
Projektorganisation nicht von Bedeutung, sie wird aber aus Gründen der Vollständigkeit mit
aufgeführt). Die involvierten Mitarbeiter des Projekts nennt man Projektgremien, sie erfüllen
die starren organisatorischen Strukturen mit Leben, sie fungieren als Mittler, Koordinator und
Projektmitarbeiter.

---

[21] Vgl. Burghardt, M.: 1993 S. 76ff.

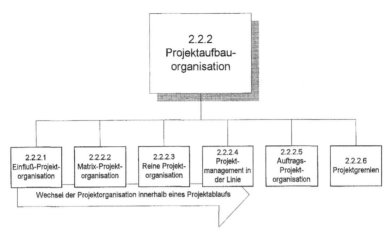

Abbildung 3: Darstellung der Komponenten der Projektaufbauorganisation
Quelle: Eigene Darstellung

2.2.2.1 Einfluß-Projektorganisation

Der Projektleiter ist in dieser Organisationsform nur als Koordinator eingesetzt. Er lenkt und verfolgt das Projekt. Er hat keine Weisungsbefugnis und keine Disziplinargewalt über die Projektmitarbeiter. Die Entscheidungen werden allein in der Linie getroffen, so daß der Projektkoordinator nicht für das Gelingen oder Mißlingen des Projektes verantwortlich gemacht werden kann[22].

2.2.2.2 Matrix-Projektorganisation

In dieser Organisationsform trägt der Projektleiter die gesamte Verantwortung für das Projekt, er hat aber nicht die volle Weisungsbefugnis über die am Projekt beteiligten Mitarbeiter. Die Matrix-Projektorganisation[23] hat eine zweidimensionale Weisungsstruktur und nimmt bezüglich der Kompetenzabgrenzung zwischen Projekt und Linie eine Mittelstellung ein. Das Projektteam setzt sich aus Mitarbeitern zusammen, die aus den Fachabteilungen zusammengezogen werden. Die Projektmitarbeiter sind nur temporär für das Projekt tätig, sie unterliegen der Weisungsbefugnis des Projektleiters, die disziplinarischen Befugnisse bleiben weiterhin bei den Linienvorgesetzten.

---

[22] Vgl. Burghardt, M.: 1993 S. 79.
[23] Vgl. Burghardt, M.: 1993 S. 79.

Neben der besseren Nutzung von Synergien hat eine Martrix-Projektorganisation den großen Vorteil, daß Personal schnell mit der richtigen Qualifikation zusammengestellt werden kann und daß hierfür keine Personalversetzungen notwendig sind.

2.2.2.3 Die reine Projektorganisation

Bei der reinen Projektorganisation[24] arbeitet das Projektteam ausschließlich im Projekt. Die Arbeiten werden parallel zu den Arbeiten der Abteilungen der Linienorganisation durchgeführt, und zwar in einer eigenen, auf einen begrenzten Zeitraum eingerichteten Gruppe. Die Mitarbeiter sind während der Projektzeit dem Projektleiter unterstellt.

Der Vorteil dieser Organisationsform besteht in der optimalen Orientierung aller projektbezogenen Tätigkeiten und Ressourcen auf das Projektziel hin. Bei dieser Organisationsform kann sich allerdings das Problem ergeben, daß die Projektmitglieder nicht wissen, wie, bzw. wo, sie nach Beendigung des Projektes weiterbeschäftigt werden.

Diese Form der Projektorganisation bewährt sich bei großen und lang andauernden Projekten[25], zum Beispiel bei der Neueinführung einer unternehmensweit einsetzbaren Software, wie SAP R/3.

2.2.2.4 Projektmanagement in der Linie[26]

Die üblichen Aufgaben in den Entwicklungsstellen einer Linienorganisation können auch als Projekt mit expliziter Nennung eines Projektleiters sowie Fixierung eines Termins und Festlegung des Kostenvolumens durchgeführt werden. Der Projektleiter ist hierbei meist der zuständige Gruppenführer oder Abteilungsleiter. Interne Umgruppierungen der Gruppenmitarbeiter sind in dieser Organisationsform notwendig, die aber nicht den Charakter einer Versetzung oder einer Änderung der generellen Weisungsbindungen an den Linienvorgesetzten zur Folge haben.

2.2.2.5 Auftrags-Projektorganisation

Die Auftrags-Projektorganisation[27] ist matrixorientiert; es gibt aber in dieser Organisationsform keine Doppelunterstellung der Projektmitarbeiter. Projektleiter und Projektmitarbeiter sind nicht in die Linienorganisation eingebettet, sondern bilden eine eigene Organisationseinheit. Ansonsten verhält sie sich genauso wie die Matrix-Projektorganisation.

---

[24] Vgl. Burghardt, M.: 1993 S. 78.
[25] Friedrich, A.: 1996 S. 15. Das Bewertungsschema zur Projektklassifizierung ist im Anhang dargestellt.
[26] Vgl. Burghardt, M.: 1993 S. 81.
[27] Vgl. Burghardt, M.: 1993 S. 80.

Die folgende Abbildung zeigt eine Gegenüberstellung der verschiedenen Projektaufbauorganisationen und deren Vor- bzw. Nachteile bezüglich der Eingliederung in die Unternehmensorganisation.

Art der Projekt-organisation	Vorteile	Nachteile	Grafik
Einfluß-Projektorganisation	• Getrennt aufgehängte Entwicklungsbereiche können zu einer gesteuerten Kooperation veranlaßt werden • Geringste Veränderungen in der bestehenden Organisation	• PL hat kaum Weiungsbefugnis • Keine personifizierte Verantwortung • Hoher Koordinationsaufwand	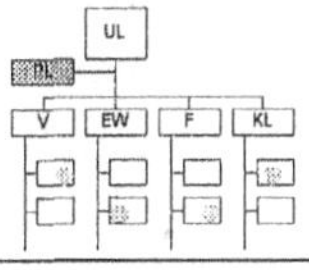
Matrix-Projektorganisation	• Schnelle Zusammenfassung von interdisziplinären Gruppen • Keine Versetzungsprobleme bei Projektbeginn und -ende • Förderung des Synergieeffekts	• Projektmitarbeiter dienen zwei Herren • großes Konfliktpotential zwischen Projekt und Linie	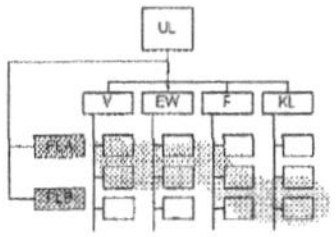
Auftrags-Projektorganisation	• Klare Kompetenzabgrenzung zwischen Projekt und Linie • Leichte Einbindung beliebiger Unterauftragnehmer • Große Flexibilität bei Multiprojekten	• Notwendigkeit einer eigenen Organisationssäule • Konkurrenzdenken der Organisationssäulen • Gefahr einer Bürokratisierung des Projektmanagements	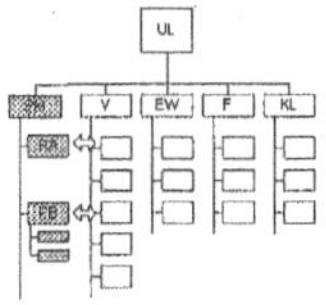
Reine Projektorganisation	• PL hat volle Kompetenz • Kürzeste Kommunikationswege und geringster Overhead • Optimale Ausrichtung auf das Projektziel	• Gefahr des Etablierens der Projektgruppe nach Projektende • Versetzungsprobleme nach Projektende • Gefahr von Parallelentwicklungen in Projekt und benachbarter Linie	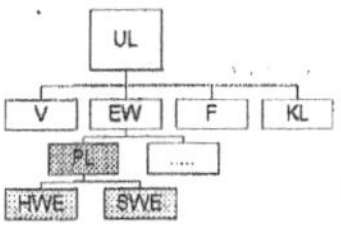
Projektmanagement in der Linie	• Alle Vorteile der reinen Projektorganisation • Keine Notwendigkeit von Personalumsetzungen	• Nur kleinere Vorhaben möglich • Nicht immer das fachlich und qualitativ richtige Personal verfügbar	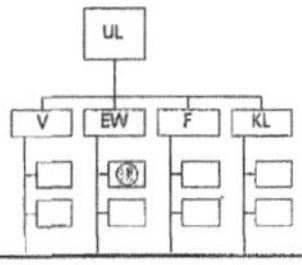

Legende: EW=Entwicklung; F=Fertigung; HWS/SWE=Hardware-/Softwareentwicklung; kL=kaufm. Leitung; PL=Projektleiter; PM=Projektmanagement; PA/B=Projekt A/B; UL=Unternehmensleitung; V=Vertrieb

Abbildung 4: Vor- und Nachteile der einzelnen Formen von Projektorganisationen
Quelle: Vgl. Burghardt M.: 1993 S.82.

Wechsel der Projektorganisation innerhalb eines Projektablaufs

Bei sehr großen Projekten[28] kann es angebracht sein, während des Projektablaufs die Form der Projektaufbauorganisation zu verändern, und den jeweiligen Gegebenheiten den aktuellen Projektbelangen anzupassen. In der folgenden Abbildung werden der Wechsel der Projektorganisation innerhalb der Vorgehensphasen eines Projektablaufs dargestellt und die Gründe für die Auswahl der eingesetzten Organisationsform erläutert.

Projektphase	Projektorganisation
1. Projektierungsphase	**Einfluß-Projektorganisation** Auswahlgrund: Es ist noch unsicher, ob es zu einer Auftragsvergabe und damit zu einem Projekt kommt.
2. Projektkonzeptphase	**Matrix-Projektorganisation** Auswahlgrund: Alle relevanten Stellen sollen erst einmal ohne Personalversetzungen zusammengefaßt werden.
3. Projektbearbeitungsphase	**Reine Projektorganisation** Auswahlgrund: Das Projekt ist so bedeutend geworden, daß eine eigene Projektorganisation angebracht ist.
4. Projektabschlußphase	**Projektmanagement in der Linie** Auswahlgrund: Wartung und Einsatzunterstützung soll von den zuständigen Stellen übernommen werden.

Abbildung 5: Beispiel für Wechsel der Projektorganisation innerhalb eines Projektablaufs
Quelle: Burghardt M.: 1993 S.82.

Die Art der Projektaufbauorganisation wird im Verhältnis des Grades der Überbereichlichkeit[29] zur Projektgröße (wobei die Projektgröße in verschieden Phasen des Projekts unterschiedlich zu bewerten ist) definiert.

In der folgenden Abbildung wird ein Überblick über die Auswahl der Projektorganisationsform im Hinblick auf die Projektgröße und die Überbereichlichkeit vorgestellt.

---

[28] siehe Anhang 6.
[29] Überbereichlichkeit bedeutet in diesem Zusammenhang den Einsatz von verschiedenen Fachabteilungen zur Lösung der Projektaufgabe.

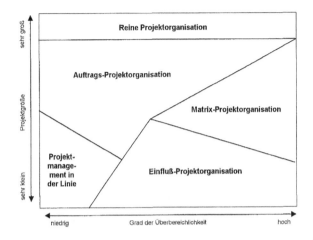

Abbildung 6: Wahl der richtigen Projektorganisation
Quelle: Burghardt M.: 1993 S.83.

2.2.2.6 Projektgremien und Projektteam

Zur strategischen Planung und Steuerung von Projekten werden Gremien gebildet, um einen reibungslosen und umfassenden Informationsfluß im Projektablauf sicherzustellen[30]. Ihre Zusammensetzung hängt stark von der jeweils gewählten Projektaufbauorganisation und von der Projektgröße ab. Die Projektgremien untergliedern sich in Planungs-, Steuerungs-, Entscheidungs-, Kommunikations- und Beratungsgremien. Der eingesetzte Projektleiter bildet eine zentrale Position in diesem Konsortium und ist für einen reibungslosen Kommunikations- und Informationsfluß zwischen den Gremien und den Projektgruppen verantwortlich. In der folgenden Abbildung werden die Zuordnung von Projektgremien zum Projektleiter und zu den Projektgruppen dargestellt.

---

[30] Vgl. Burghardt, M.: 1993 S. 83ff.

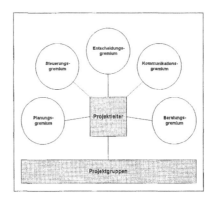

Abbildung 7: Zuordnung von Projektgremien zum Projektleiter
Quelle: Burghardt M.: 1993 S.83.

Die aufgeführten Gremien können nach Ihren Funktionen, Aufgaben und Häufigkeit der Zusammenkunft unterscheiden werden.

- **Planungsgremium**[31]: Planungsgremien sind Arbeitsgruppen, die mit Fachleuten aus unterschiedlichen Fachbereichen (Entwicklung, Fertigung, Vertrieb, etc.) besetzt werden und über eine längere Zeit gemeinsam die Erstplanung eines Projekts (fachliches und technisches Konzept) erarbeiten und vorantreiben. Hierbei tagen sie häufig nach der (4+1)-Tagungsregel, d.h. vier Tage der Woche im Team und einen Tag in der Linie. Ein erfolgreiches Arbeiten in Planungsgremien ist durch die fehlende hierarchische Ordnung nur dann zu erwarten, wenn die Teammitglieder (max. 8) ein stark ausgeprägtes kooperatives Verhalten zeigen. Es sollte stets ein Teamleiter ernannt werden, der als Moderator Kraft seiner Persönlichkeit und Kommunikationsstärke sowie aufgrund einem hohen Maß an Fachkompetenz die Führung des Teams übernimmt. Für eine vollständige Dokumentation der Planungsergebnisse und zur gezielten Informationsverteilung sollte die Einstellung eines Schriftführers erfolgen.

---

[31] Vgl. Burghardt, M.: 1993 S. 84.

- **Beratungsgremium**[32]: Ist das Wissensumfeld in einem Projekt sehr groß, so kann es angebracht sein, ein Beratungsgremium zu gründen, das den Informationsfluß in beide Richtungen - aus den Nachbarbereichen in das Projekt und vom Projekt wieder zurückgewährleisten soll. Dieser gesteuerte Informationsfluß ist notwendig, um z.B. Parallelentwicklungen in voneinander entfernten Teilprojekten möglichst von vornherein zu vermeiden oder wenigstens in sich gegenseitig befruchtende Bahnen zu lenken. Um dies durchsetzen zu können werden beratende Ausschüsse eingesetzt. Ein beratender Ausschuß wird bei einem Projekt eingerichtet, wenn es überbereichlich durchgeführt wird und das Projektergebnis (Gerät, System, Verfahren) breit eingesetzt werden soll. Dieses Gremium muß sicherstellen, daß alle fachlichen Anforderungen bzgl. des geplanten Leistungsumfangs und der Qualität an das Entwicklungsvorhaben aus allen zuständigen Bereichen berücksichtigt werden. Die Mitglieder des Beratungsgremium sind vor allem Fachleute, Anwender und sonstige Wissensträger. Die zeitliche Beanspruchung des Beratungsgremium ist i.d.R. nicht sehr groß, sie können daher in größeren Zeitabständen tagen. Die Abstände werden von Projekt zu Projekt verschieden festgelegt. Die Anzahl der Personen sollten 15 jedoch nicht überschreiten.

- **Steuerungsgremium**[33]: Sind in die Erzeugnisentwicklung innerhalb eines ganzen Produkt- und Systemgeschäfts unterschiedliche Linienbereiche, wie Einkauf, Materialwirtschaft, Fertigung und Vertrieb involviert, so werden im Rahmen bestimmter Prozeßorganisationen produkt- bzw. systemorientierte Steuerungsgremien installiert, die über die reine Beratung hinaus eine direkte fachliche Steuerung der Entwicklungsabläufe zu übernehmen haben. Die vorgenannten Steuerungsgremien treten meist zu fest vorgeschriebenen Zeitpunkten in Phasenentscheidungssitzungen oder Projektstatusentscheidungssitzungen zur Projektberatung zusammen. Dort wird nach Erörterung der aktuellen Projektpläne und -berichte auch über das weitere Vorgehen im Projekt entschieden.

- **Entscheidungsgremium**[34]: Wenn ein großes Projekt besonders wichtig für ein Unternehmen ist, so ist es häufig notwendig, dem Projektleiter ein Entscheidungsgremium beizuordnen. Es darf dem Projektleiter nicht seine Verantwortung für das Projekt nehmen, sondern muß ihm innenpolitische Rückenstärkung geben und beim Beschaffen von Ressourcen unterstützen.

---

[32] Vgl. Burghardt, M.: 1993 S. 84.
[33] Vgl. Burghardt, M.: 1993 S. 85.
[34] Vgl. Burghardt, M.: 1993 S. 86.

- **Kommunikationsgremium**[35]: Kommunikationsgremien spielen im Bereich von mehreren unabhängig und parallel verlaufenden Projekten eine große Rolle. Da sich diese Arbeit nur mit einem Projekt, der Einführung von SAP R/3 beschäftigt, soll hier nicht weiter auf die Bedeutung der Kommunikationsgremien eingegangen werden[36].

Der Projektleiter und das Projektteam gehören nicht zur Kategorie der Projektgremien, sie werden aber in diesem Zusammenhang dargestellt, um den kompletten am Projekt beteiligten Personenkreis übersichtlich darzustellen.

- **Projektleiter**[37]: Der Erfolg eines Projektes hängt entscheidend von der Qualität der Projektleiterbesetzung ab. Er muß fachliches Know-how besitzen und über hinreichend Menschenführungs- und Kooperationsfähigkeiten verfügen. Unerläßlich ist eine klar umrissene Weisungs- und Entscheidungsbefugnis. Wenn in der Bewertung dieser beiden Punkte Fehler gemacht werden, ist das Projekt häufig von Anfang an zum Scheitern verurteilt.

    Die Aufgabe des Projektleiters ist das Erreichen des definierten Projektziels unter Einhaltung des Kosten- und Terminrahmens bei voller Erfüllung des geforderten Leistungsumfangs und der geforderten Qualität. Er übernimmt den spezifizierenden und planenden Projektanteil, wogegen die Fachverantwortlichen den realisierenden Anteil übernehmen.

- **Projektgruppen**[38]: Die Projektgruppen bestehen aus Mitarbeitern, die zur Realisierung der notwendigen Aufgaben für einen gewissen Zeitraum, der Projektdauer, zusammengezogen werden[39]. Die Projektmitarbeiter müssen außerdem, um ihre neuen Aufgaben mit Bezug auf die Projektziele richtig wahrnehmen zu können, ausreichende Fachkenntnisse besitzen und im richtigen Maß vom Tagesgeschäft freigestellt werden.

In der folgenden Tabelle ist -bezogen auf die unterschiedlichen Formen einer Projektaufbauorganisation- der sinnvolle Einsatz der Gremien aufgezeigt.

---

[35] Vgl. Burghardt, M.: 1993 S. 87.
[36] Vgl. hierzu Burghardt, M.: 1993 S. 87.
[37] Vgl. Schlereth, T.: 1995 S. 37.
[38] Vgl. Schlereth, T.: 1995 S. 38.
[39] ❷Die Gruppe wird in dieser Zusammensetzung einmalig sein; sie arbeitet auf ein Ziel hin, das sie, wenn es erreicht ist, überflüssig macht❷. Aus Kupper: ❷Zur Kunst der Projektsteuerung❷. 5.Aufl., Oldenburg 1988.

Projektgremien	Projektaufbauorganisation				
	Einfluß-Projektorganisation	Matrix-Projektorganisation	Auftrags-Projektorganisation	Reine-Projektorganisation	Projektmanagement in der Linie
Planungsgremium	X	X			
Beratungsgremium	X	X			(X)
Steuerungsgremium		X			(X)
Entscheidungsgremium	X	X		(X)	(X)
Kommunikationsgremium	X	X	X	X	X

(X) Nur bei überbereichlicher Finanzierung

Tabelle 2: Einsatz von Projektgremien
Quelle: Burghardt M.: 1993 S.88.

2.2.3 Projektablauforganisation

Der Projektablauf wird im Projektmanagement in verschiedene Phasen eingeteilt[40], die zeitlich und thematisch weitgehend abgeschlossene Bearbeitungsabschnitte des Projekts darstellen[41].

Durch eine Einteilung des Projektablaufs in Phasen ist es möglich, die enorme Komplexität, die durch ein Projekt entsteht, zu bewältigen.

Unter Ablauforganisation versteht man demnach die Aneinanderreihung unternehmens-interner, systembildender Elemente, die räumlich und zeitlich so angeordnet sind, daß das Projektteam funktionsfähig ist, und die Leistungen erstellen kann, die intern und extern von ihm erwartet werden[42].

Die Projektablauforganisation wird entlang des Produktentwicklungsprozesses in vier Phasen gegliedert. Die Phasen sind aufgeteilt in die Projektierungsphase, die Projektkonzeptphase, die Projektbearbeitungsphase und die Projektabschlußphase.

---

[40] Rieder, B.: 1988 S.91. Reider erhebt in einer Studie über die Projektplanung in Phasen, 39,4% haben ein Konzept erarbeitet, 43,9% planen ihre Termine und 11,8% vergeben ein Projektbudget.
[41] Vgl. Platz/Schmelzer.: 1986 S. 107ff.; Rinza P.: 1994 S. 44ff.
[42] Vgl. Probst, J.: 1993 S. 105.

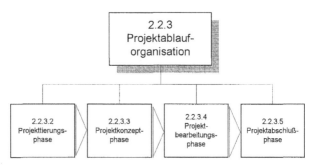

Abbildung 8: Die Phasen der Projektablauforganisation
Quelle: Eigene Darstellung

Das Ziel ist hierbei, Kosten zu sparen, Termine einzuhalten und die erforderliche Qualität zu erzeugen. Trotz der komplexen und sachlichen Zusammenhänge ist mit Hilfe des Projektmanagements eine effiziente Planung und Steuerung von Projekten möglich. Mit einer phasenorientieren Vorgehensweise wird insbesondere dafür gesorgt, daß die Arbeiten erst dann beginnen, wenn alle notwendigen Voraussetzungen aus dem Vorphasenplan erfüllt sind. Die Übergangspunkte zwischen den einzelnen Phasen stellen dabei ideale Stellen dar, um Zwischenergebnisse zu analysieren, die Übereinstimmung von Projektzielen und Strategie zu prüfen und gegebenenfalls steuernd einzugreifen.

Des weiteren kann man sagen, daß Arbeitsabläufe in einem Projektmanagementsystem[43]:

- den Ablauf von Arbeitsvorgängen organisieren,

- die Verantwortlichkeiten innerhalb der Vorgangssequenzen formalisieren,

- die Möglichkeit geben, die Arbeit zu rationalisieren, zu optimieren, zu vereinfachen, zu standardisieren oder die Abfolge sich wiederholender Arbeitsvorgänge festzulegen,

- Arbeitsvorgänge unter dem räumlichen Aspekt und in der Dimension von Objekten und Personen beschreiben und

- die Struktur des Systems operationalisieren, also seine Funktionsweisen im Detail darstellen.

2.2.3.1 Projektierungsphase

Die Projektierungsphase stellt den Beginn jedes Projektes dar und wird in die Ideen-/Initiativephase und die Analysephase unterteilt. Die Ideen-/Initiativephase kann nur beschränkt als Projektphase angesehen werden, da sie meist vor dem offiziellen Beginn des

---

[43] Vgl. Probst, J.: 1993 S. 108.

Projektes durchgeführt wird. Die Analysephase ist den Projektphasen fest zuzurechnen, sie besitzt bereits Projektcharakter. In dieser Phase geht es darum, die Anforderungen und Ziele, die an die zu lösende Aufgabe gestellt werden, zu beschreiben und daraufhin die Projektinhalte zu formulieren und festzulegen.

2.2.3.2 Projektkonzeptphase

In der Projektkonzeptphase wird ausgehend von den Ergebnissen der Analysephase und den gegebenenfalls zusätzlich erforderlichen Vorleistungen (Vorversuche, Durchführbarkeitsstudien, etc.) ein konkretes Lösungskonzept (Pflichtenheft) aufgestellt[44]. Erst dadurch ist es möglich, die Anforderungen und die Durchführbarkeit der Ziele zu überprüfen. Das Lösungskonzept liefert darüber hinaus eine Grundlage für die weitere Planung des Projektentwurfs, welcher sich aus einer Produkt- und einer Projekt(-phasen)-Struktur zusammensetzt. Die zukünftig anfallenden Arbeiten können genauer geplant und detaillierter strukturiert werden. Zu diesem Zeitpunkt der Projektdurchführung können nachvollziehbare Kosten und Termine erfaßt, nachgewiesen und auf das Gesamtprojekt bezogen werden.

2.2.3.3 Projektbearbeitungsphase

Die Projektbearbeitungsphase setzt sich aus zwei Teilphasen zusammen, der Ausführungsplanungsphase und der eigentlichen Ausführung (Ausführungsphase), die während des gesamten Projektverlaufs im Sinne einer Wiederholungsschleife (rollierende Planung) bis zum Beenden des letzten Arbeitspaketes durchlaufen werden. In der Ausführungsplanungsphase erfolgt eine weitere Detaillierung der Grobplanung aus der Entwurfsphase für die jeweils anstehenden Projektbearbeitungsphasen. Es werden die fehlenden Angaben in den Arbeitspaketen vervollständigt und die Einzelabläufe präzise festgelegt. In der Ausführungsphase geht es dann um die konkrete Bearbeitung des Projekts, wobei dies aufgrund der vorher geplanten Projekt- und Ablaufstrukturen durch Umsetzten von Arbeitspaketen realisiert wird. Das wichtigste Element dieser Phase ist die Projektberichterstattung im Rahmen von Projektsitzungen, wodurch eine effiziente Steuerung von Projekten erst möglich wird. Im Hinblick auf die Transparenz des Projektgeschehens ist hierzu eine formalisierte Dokumentation notwendig.

2.2.3.4 Projektabschlußphase

Mit der letzten Ausführungsphase endet das Projekt im Hinblick auf die Erfüllung der geforderten Qualität der Projektaufgabe. Im Anschluß an die letzte Projektbearbeitungsphase

---

[44] Vgl. Platz/Schmelzer.: 1986 S. 119.

findet die Projektabschlußphase[45] statt. Das Ziel der Projektabschlußphase ist es, das Projekt mit einem fest definierten Ende abzuschließen. Man erhält die Möglichkeit, das endgültige fachliche Projektergebnis zu diskutieren. Weiterhin ergibt sich mit der Projektabschlußphase für das Projektmanagementteam die Chance, ein Resümee über den Projektablauf zu ziehen. Hierbei gilt es zu analysieren, ob man die richtigen Methoden/Werkzeuge, Teamkonstellationen usw. gewählt hatte, um zukünftig Fehler zu vermeiden. Dazu bieten sich insbesondere der Projektabschlußbericht und die kritische Abschlußpräsentation als Diskussionsgrundlage an.

2.2.4 Projektadministration und Projektcontrolling

In diesem Kapitel wird dargestellt, wie ein Projekt zu steuern und zu überwachen ist, und welche Hilfsmittel hierzu zur Verfügung stehen. Zunächst soll an dieser Stelle der Begriff des Projektcontrollings geklärt werden. Der Begriff Projektadministration wird in dieser Ausarbeitung synonym zum Begriff Projektcontrolling (Projektsteuerung) verwendet, da in der Literatur keine klare Abgrenzung dieser Terminologie zu finden ist.

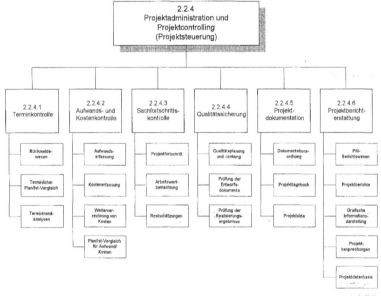

Abbildung 9: Überblick der Werkzeuge zur Projektsteuerung
Quelle: Eigene Darstellung

---

[45] Vgl. Platz/Schmelzer.: 1986 S. 251ff, 260ff.

Die Projektsteuerung ist aufgeteilt in die Komponenten Terminkontrolle, Aufwands- Kosten-kontrolle sowie der Sachfortschrittskontrolle. Weiterhin unterteilt sie sich in die Qualitäts-sicherung, die Projektdokumentation und die Projektberichterstattung.

Im Rahmen dieser Ausarbeitung ist es nicht möglich, alle Subsysteme der Projektsteuernung aufzuzeigen[46]. Aus diesem Grund werden die wichtigsten Elemente der Projektsteuerung beschrieben, die in der obigen Übersichtsgrafik dargestellt sind.

2.2.4.1 Terminkontrolle

Innerhalb der Projektplanung zeigt der Terminplan den gesamten Terminaufriß des Projekts. Er hat die Aufgabe, alle Einzelaktivitäten im Projektverlauf zusammenfassend darzustellen und zu koordinieren. Der Terminplan hat noch eine weitere Aufgabe, und zwar die der Terminkontrolle. Durch laufendes Beobachten der Terminsituation und laufendes Vergleichen von Soll- und Ist-Terminen wird die Grundlage für eine wirkungsvolle Terminsteuerung geschaffen. Voraussetzung für eine effiziente Terminkontrolle ist ein regelmäßiges Rückmelden der aktuellen Terminsituation durch das Projektteam in Form von terminlichen Plan-/Ist-Vergleichen.

Die Terminkontrolle erfolgt über das Rückmeldewesen und den terminlichen Plan-/Ist-Vergleich und eine Termintrendanalyse.

Rückmeldewesen:

Das Rückmeldewesen hat die Aufgabe, das Projektmanagement über die aktuelle Termin-situation im laufenden Projekt zu informieren. Für jedes noch nicht abgeschlossene Arbeits-paket muß festgehalten werden, ob

- der Termin gehalten wird,
- der Termin nicht gehalten werden kann oder
- der Termin vorverlegt werden soll.

Die Rückmeldung der Terminsituation darf nicht dem Zufall überlassen werden, sondern muß in geregelten Bahnen verlaufen, hierzu wird der Rückmeldeablauf vorstrukturiert und kontrolliert. Die Vorstrukturierung wird über Formulare oder über EDV-Systeme realisiert. Die Kontrolle übernimmt der Projektleiter, indem er in zyklischen Zeitabständen einen Plan-/Ist-Vergleich der Terminsituation vornimmt.

Terminlicher Plan/Ist-Vergleich:

Die Grundlage einer effizient arbeitenden Terminkontrolle ist es, einen laufenden Plan/Ist-Vergleich der Termine durchzuführen, d.h., es werden die geplanten Termine mit

---

[46] Vgl. hierzu Burghardt, M.: 1993 S. 281-379.

den voraussichtlichen Fertigstellungsterminen verglichen. Die folgenden Zustände wie Terminunterschreitung, Termineinhaltung und Terminüberschreitung sind möglich. Aus der Zusammenfassung der verschiedenen Terminzustände kann man Rückstandsübersichten bzw. Negativlisten erstellen, und so gezielt kritische Punkte im Projektverlauf ausfindig machen.

Termintrendanalysen:

Der Plan/Ist-Vergleich darf bei großen und wichtigen Projekten nicht das alleinige Hilfsmittel zur Terminkontrolle sein. Das einmalig betrachtete Ergebnis einer Terminverzögerung, von z.B. der Abarbeitung eines Arbeitspaketes, ist nicht sehr aussagekräftig. Aus diesem Grund ist es notwendig, einen Trend zu errechnen, mit dem man eine Prognose der Terminsituation vornehmen kann, um beispielsweise bei langfristigen Projekten den Endtermin vorauszusagen. Die Termintrendanalyse kann in verschiedenen Formen charakterisiert sein, wie z.B. die Meilenstein-Trendanalyse (im folgenden kurz: MTA), die Meilenstein-Signalliste oder die Termin-Risikoanalyse. Hier wird auf die MTA eingegangen, da sie im weiteren Verlauf dieser Arbeit angewendet wird.

Mit der MTA[47] läßt sich jedes Arbeitspaket oder jede Projektphase strategisch überwachen. Auf der waagrechten Achse des Dreiecksrasters wird der Berichtszeitraum von links nach rechts aufgetragen, der mindestens die Zeitspanne von Phasen- oder Projektbeginn bis über den spätesten Endtermin der zu betrachtenden Aufgaben oder Arbeitspakete umfassen muß. Die senkrechte Achse enthält dieselbe Zeiteinteilung von unten nach oben als Planungszeitraum. Wie aus der folgenden Grafik zu erkennen ist, werden die Soll-Termine für bestimmte Meilensteine laufend und möglichst in periodischer Folge (monatlich) aktualisiert.

---

[47] Vgl. Burghardt, M.: 1993 S. 290.

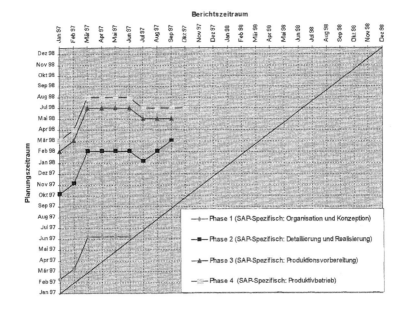

Abbildung 10: Meilenstein-Trendanalyse als Dreiecksraster
Quelle: Vgl. Burghardt, M.: 1993 S.290.

Jede Aktualisierung führt zu einer neuen Eintragung, so daß für jeden betrachteten Meilen-
stein ein Polygonzug entsteht, der wie folgt zu bewerten ist:

- Waagrechter Verlauf: Termin wird eingehalten
- Ansteigender Verlauf: Termin wird überschritten
- Fallender Verlauf: Termin wird unterschritten

Jede Abweichung vom waagerechten Verlauf stellt eine Terminabweichung dar, die in einem
Beiblatt näher zu erläutern und zu begründen ist.

2.2.4.2 Aufwands- und Kostenkontrolle

Die Aufwands- und Kostenkontrolle ist neben der Terminkontrolle ein weiteres wichtiges Instrument der Projektsteuerung. Die Überwachung der Projektkosten und des Personalaufwands des Projekts muß gewährleistet werden. Beide Kontrollfunktionen müssen sich ergänzen, d.h. sie müssen zu registrieren und auszuwerten sein. Die Aufwandserfassung (Personalkosten) wird durch die Aufschreibung der Arbeitszeiträume der Projektmitarbeiter ermittelt, und die Kostenerfassung durch die eingesetzten Kostenüberwachungsverfahren, die auch Weiterverrechnung von Kosten vornehmen. Für die Projektleitung bilden die Plan/Ist-Vergleiche auf den unterschiedlichen Gliederungs- und Betrachtungsebenen die Grundlage für eine effektive Projektsteuerung. Hierbei sollten auch die Möglichkeiten der Trendanalysen auf der Basis von Plan/Ist-Vergleichen genutzt werden.

Aufwandserfassung:

Voraussetzung für jede Aufwands- und Kostenkontrolle ist das Erfassen des Personalaufwands, d.h. eine regelmäßige und vollständige Stundenaufschreibung entsprechend der zugrunde gelegten Projektstruktur. Diese Stundenkontierung kommt gerade bei großen und damit personalintensiven Projekten zum Tragen, da in erster Linie die Personalkosten die Projektkosten bestimmen. Die folgende Abbildung stellt einen Plan-/Ist-Vergleich der Personalkosten dar. Der Personalaufwand ist hierbei in Mann-Monaten (MM) festgelegt worden. In der folgenden Grafik ist die Personalentwicklung auf der Basis eines Plan/Ist-Vergleichs beispielhaft dargestellt.

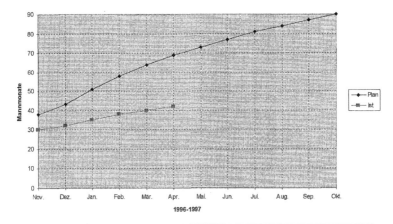

	N o v	D e z	J a n	F e b	M ä r	A p r	M a i	J u n	J u l	A u g	S e p	O k t
P l a n	38	43	51	58	64	69	73	77	81	84	87	90
Ist	30	32	35	38	40	42						
%	79	74	69	66	63	61						

Abbildung 11: Plan-/Ist-Vergleich des Personalaufwands
Quelle: Vgl. Burghardt, M.: 1993 S.373.

Die Personalkosten teilen sich in unternehmensinterne und -externe Personalkosten[48] auf. Bei den externen Personalkosten (Berater, Programmierer) muß man darauf achten, daß sie gesondert in der Buchhaltung auszuweisen sind.

Durch die Erfassung des Personalaufwands entstehen eine Menge von Daten, die nur durch den Einsatz von DV-technischen Hilfsmitteln analysiert, ausgewertet und zugeordnet werden können.

Für eine repräsentative Projektkalkulation besteht die Forderung einer Detaillierung des Personalaufwands nach Entwicklungsphasen, Arbeitspaketen und Tätigkeitsarten. Weiterhin sollte auch über die Zuordnung der Entwicklungsphasen und der Arbeitspakete eine Gliederung des Aufwands im Projektstrukturplan nach Organisationseinheiten (ausführende und verantwortliche Stellen), Projekten bzw. Teilprojekten, Konten bzw. Unterkonten sowie Produktteilen (Module) möglich sein. Die verschiedenen Arten der Stundenkontierung[49] sind für diese Arbeit nicht relevant und werden nicht weiter erwähnt.

---

[48] Vgl. Burghardt, M.: 1993 S. 293ff.
[49] Hierzu Burghardt, M.: 1993 S. 293ff.

Kostenerfassung:

Bei der Bewertung der eigenen Personalkosten kann mit Verrechnungssätzen gearbeitet werden, die den Arbeitswert pro Zeiteinheit des Arbeitnehmers in DM festlegen (z.B. 78 DM/Std.). Diese Verrechnungssätze erhält man aus dem unternehmensinternen Rechnungswesen und bucht sie auf die Personalkostenstellen des Projekts.

Der Bewertung der externen Personalkosten kommt ein hoher Stellenwert zu, da sie meist einen viel höheren Anteil an den Projektpersonalkosten haben als die internen Personalkosten. Aus diesem Grund ist es sehr wichtig die Entwicklung der Kosten ständig zu analysieren und zu überwachen. Die Belastung der Kosten auf die jeweiligen Konten ist über zwei Wege durchzuführen. Entweder man verrechnet sie intern auf das Projektkonto, oder der Projektleiter erhält sie direkt durch eine eingehende Rechnung. Die Rechnungen müssen auf sachliche und rechnerische Richtigkeit geprüft werden. Bei der zweiten Form, der eingehenden Rechnung, gibt es meistens Probleme mit der Rechnungskontrolle, die wegen der vielfältigen Aufgaben des Projektleiters nicht zu seinen Aufgaben zählen sollte.

Weiterverrechnung von Kosten:

Bei einer Vielzahl von Mitarbeitern und einer komplexen zu bearbeitenden Aufgabe in einem Projekt ist es notwendig, die anfallenden Kosten (z.B. Gehälter der Mitarbeiter) den kostenverursachenden Stellen (Projekt) zuzurechnen. Als Arten der Weiterverrechnung kommen dabei die anteilige (indirekte) und die direkte Weiterberechnung in Betracht[50].

Bei der anteiligen Weiterverrechnung werden die Projektkosten nach bestimmten Verteilungsschlüsseln anderen Konten belastet[51]. Mit einer solchen Kostenverteilung ist eine korrekte Zuordnung der Kosten zu den jeweiligen Kostenverursachern erreichbar.

Die direkte Weiterverrechnung wendet man an, wenn größere Beträge (Beraterhonorar, Hardware-/Software-Kosten) belastet werden müssen und es nur einen Nutzer der Leistungen gibt. Bei diesem Vorgehen werden die Konten des Nutzers direkt, d.h. ohne irgendeine Aufteilung mit den anfallenden Kosten belastet.

Plan/Ist-Vergleich für Aufwand/Kosten:

Das tragende Element der Aufwands- und Kostenkontrolle ist der Plan-/Ist-Vergleich. Durch die Gegenüberstellung der geplanten und der tatsächlich angefallenen Kosten werden repräsentative Aussagen über die Entwicklung der Kosten in einem Projekt getroffen. In dem folgenden Beispiel ist die Kostenentwicklung auf der Basis des Plan/Ist-Vergleichs beispielhaft dargestellt.

---

[50] Vgl. Burghardt, M.: 1993 S. 301ff.
[51] Hierbei ordnet man die Kosten der einzelnen Entwicklungsstellen den Projekten zu, die die Leistungen dieser Stellen nutzen.

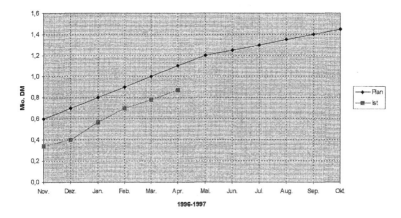

	Nov	Dez	Jan	Feb	Mär	Apr	Mai	Jun	Jul	Aug	Sep	Okt
Plan	0,60	0,70	0,80	0,90	1,00	1,10	1,20	1,25	1,30	1,35	1,40	1,45
Ist	0,34	0,40	0,57	0,70	0,78	0,87						
%	57	57	71	78	78	79						

Abbildung 12: Plan-/Ist-Vergleich der Projektkosten
Quelle: Vgl. Burghardt, M.: 1993 S.373.

Mit diesem Vergleich werden die kostenkritischen Bereiche eines Projektes aufgedeckt, z.B. externe Kosten (Beraterleistungen), und schließlich führt deren nähere Untersuchung zu entsprechenden Steuerungsmaßnahmen durch das Projektmanagement. Ein solcher Plan/Ist-Vergleich kann auf verschiedene Weisen durchgeführt werden[52]:

• Mit dem absoluten Plan/Ist-Vergleich[53],

• dem aufwandskorrelierten Plan/Ist-Vergleich[54] und

• dem plankorrigierten Plan/Ist-Vergleich[55].

Die Plan- und Ist-Kosten sollten besonders bei großen Projekten nicht auf einer Ebene gegenübergestellt werden, sondern man sollte sie auf die Teilprojekte der Projektstruktur übertragen. Die einzelnen Teilkostenergebnisse aus dem Plan/Ist-Vergleich müssen

---

[52] Vgl. Birker, K.: 1995 S. 132ff. Burghardt, M.: 1993 S. 304ff. führen noch als vierte Vergleichsmöglichkeit „Linearer Plan/Ist-Vergleich" an.
[53] Beim absoluten Plan/Ist-Vergleich wird der aktuelle Ist-Wert mit den absoluten Endplanwerten gegenübergestellt.
[54] Ist nur durchzuführen wenn ein Netzplan vorliegt. Hierbei wird der Gesamtplanwert über die Zeit verteilt.
[55] Beim plankorregierenden Plan/Ist-Vergleich werden nicht nur die Ist-Werte laufend erfaßt, sondern auch die Planwerte durch eine laufende Restaufwands- bzw. Restkostenschätzung korrigiert.

anschließend zu einem Ergebnis auf der Gesamtprojektebene zusammengefaßt werden, so daß man über den vollständigen Kostenverlauf des Projekts Aussagen bilden kann[56].

2.2.4.3 Sachfortschrittskontrolle

Die Sachfortschrittskontrolle stellt für eine effiziente Projektführung die zentrale Kontroll-maßnahme dar. Die Schwierigkeit beim Aufbau eines Kontrollsystems zur Sachfortschritts-kontrolle liegt darin, daß kaum geeignete Meßgrößen zur Verfügung stehen (es gibt keine Maßeinheit für den Sachfortschritt). In der folgenden Abbildung ist für den Sachfortschritt die Anzahl der bereits bearbeiteten Arbeitspakete angenommen worden, um zu einem darstellbaren Ergebnis zu gelangen.

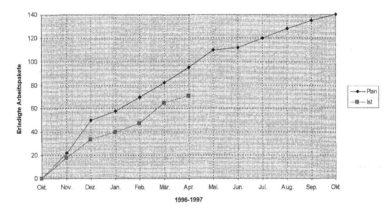

	Nov	Dez	Jan	Feb	Mär	Apr	Mai	Jun	Jul	Aug	Sep	Okt
Plan	22	50	58	70	82	95	110	112	120	128	135	140
Ist	18	34	40	48	65	71						
%	82	68	69	69	79	75						

Abbildung 13: Plan-/Ist-Vergleich der Sachfortschrittskontrolle
Quelle: Vgl. Burghardt, M., 1993, S. 373.

Die Kernfrage, die sich stellt ist, ob zu den aufgewendeten Kosten die äquivalente Leistung vorliegt, also ob z.B. bei 50%-Kosten- bzw. Aufwandsverbrauch auch 50%-Leistung erbracht worden ist. Bei einer Sachfortschrittskontrolle ist zu unterscheiden zwischen der

- Kontrolle des Produktfortschritts und der
- Kontrolle des Projektfortschritts[57].

---

[56] Siehe zu weiteren Ausführungen: Burghardt, M.: 1993 S. 307ff.
[57] Burghardt, M.: 1993 S. 313.

Nach der Kontrolle des Projektfortschritts wird eine Arbeitswertbetrachtung entsprechend des erbrachten Wert eines Arbeitspaktes oder einer abgeschlossenen Projektphase durchgeführt. Jede Fortschrittskontrolle setzt letztendlich fundierte Restschätzungen voraus, also Aufwands- bzw. Kostenschätzungen für die noch zu leistenden Arbeiten im Projekt. Hierbei treten allerdings zwei signifikante Probleme auf, die eindeutige Definition der Restarbeit im Projekt und die treffsichere Schätzung des hierfür notwendigen Aufwands, der Kosten und der Dauer. Trotz fehlender Meßgrößen für den Sachfortschritt bieten sich einige Kontrollindizes für die Projektkontrolle an. Das Überwachen des Produkt- und des Projektfortschritts bildet die wirkungsvolle Basis zur qualitativen Sicherung des Projektmanagementsystems.

Projektfortschritt:

Der Projektfortschritt betrachtet den Verlauf typischer Projektparameter, wie Termine, Aufwände und Kosten in ihrer jeweiligen Planerfüllung. Im Vordergrund steht der Grad der Fertigstellung der einzelnen Projektphasen. Beim Grad der Zielerreichung der Projektleistung wird angesprochen, inwieweit man z.B. die geplante Implementierung einer Standardsoftware vorangebracht hat. Es wird überprüft, ob einerseits bestimmte Aktivitäten[58] zu vorgegebenen Zeitpunkten vollständig und richtig erbracht wurden, und andererseits die erbrachten Realisierungsergebnisse den geforderten Leistungsmerkmalen[59] entsprechen. Das Problem beim Bestimmen des Grades der Zielerreichung liegt im Fixieren des fertigen Arbeitsvolumens, dem Bestimmen, was tatsächlich fertig ist. Allein das subjektive Beantworten der Projektmitarbeiter führt kaum zu brauchbaren Aussagen. Der einzelne Projektmitarbeiter beurteilt den erreichten Fertigstellungsgrad seiner Aufgaben meistens zu hoch. Bis kurz vor Erreichen des Endtermins der durchzuführenden Aufgabe wird dadurch eine Planerfüllung suggeriert, obwohl in Wirklichkeit der Plan bereits überschritten ist. Es wird zwischen drei Varianten des Fertigstellungsgrades unterschieden[60]:

- Der relative Fertigstellungsgrad (Abarbeitung des Arbeitspaketes in %),
- der absolute Fertigstellungsgrad (Abarbeitung des Arbeitspaketes in „fertig" oder „nicht-fertig") und
- der prozeßbezogene Fertigstellungsgrad (prozeßbezogene Aussage hinsichtlich der Erreichung einzelner Meilensteine).

Beim relativen Fertigstellungsgrad taucht das oben angesprochene Problem, der Unterschätzung der noch zu erbringenden Leistung, auf. Beim absoluten Fertigstellungsgrad hingegen ist dies ausgeschlossen, man bekommt nur ein „ja" oder „nein" bezogen auf die

---

[58] Z.B. Parametrisierung des Systems
[59] Z.B. Vollständige Abbildung der betriebswirtschaftlichen Funktionen im System (Abdeckungsgrad).
[60] Vgl. Burghardt, M.: 1993 S. 316.

Fertigstellung eines Arbeitspaketes. Beim prozeßbezogenen Fertigstellungsgrad hingegen ist es unerläßlich der gesamten Projektabwicklungsprozeß in fest definierte Meilensteine einzuteilen.

Arbeitswertbetrachtung:

Der Sachfortschritt eines Projekts läßt sich durch die Betrachtung des Arbeitswertes beurteilen. Er wird durch das Erreichen einzelner Meilensteine bestimmt oder durch die Fertigstellung einer festgelegten Anzahl von Arbeitspaketen.

Hierbei werden folgende Größen definiert[61]:

- Anteilige Plankosten K_{APlan} (geplante Kosten für die geplante Arbeitsleistung)
- Aufgelaufene Ist-Kosten K_{Ist} (angefallene Kosten für die tatsächliche Arbeitsleistung)
- Arbeitswert W (geplante Kosten für die tatsächliche Arbeitsleistung)

Mit Hilfe des Arbeitswertes können Bewertungszahlen abgeleitet werden, die eine Aussage über Kosten- und Terminabweichungen ermöglichen; sie sind wie folgt definiert[62]:

Kosten Bewertungszahl in %:	Leistungsindize der Kosten:
$Q_K = \dfrac{W - K_{ist}}{K_{ist}} * 100$	$I_{KW} = \dfrac{K_{ist}}{W}$
Termin Bewertungszahl in %:	Leistungsindize der Termine:
$Q_T = \dfrac{W - K_{APlan}}{K_{APlan}} * 100$	$I_{TW} = \dfrac{K_{APlan}}{W}$

Tabelle 3: Formeln für die Arbeitswertberechnung
Quelle: Burghardt, M.: 1993 S. 318

In dem folgenden Beispiel wird eine Arbeitswertbetrachtung dargestellt.

Gegeben für Projektphase 2: $W = 400$ TDM

$K_{ist} = 300$ TDM

$K_{APlan} = 350$ TDM

$Q_K = \dfrac{400 TDM - 300 TDM}{300 TDM} * 100 = 33,33\%$	$I_{KW} = \dfrac{300 TDM}{400 TDM} = 0,75$
$Q_T = \dfrac{400 TDM - 350 TDM}{350 TDM} * 100 = 14,28\%$	$I_{TW} = \dfrac{350 TDM}{400 TDM} = 0,875$

Ein negativer Wert kennzeichnet einen schlechten Projektfortschritt und ein positiver Wert einen guten Projektfortschritt. Die Indizes bezüglich der Kosten und der Termine kennzeichnen inwieweit die Kostentreue und Termintreue gewährleistet wird. Im Fall des

---

[61] Burghardt, M.: 1993 S. 317.
[62] Burghardt, M.: 1993 S. 318.

Beispiels sind sowohl die Kosten als auch Termine unterhalb einer Überschreitung. Erst wenn die Werte der Indizes >1 sind sollte man Maßnahmen ergreifen um Kosten- bzw. Terminüberschreitungen entgegenzuwirken. Maßnahmen sind bei einer Kostenüberschreitung die Aufstockung des Budgets der Phase, und bei einer Terminüberschreitung die Verlängerung der Phase.

Der Schnittpunkt der Horizontalen durch die Planposition eines Meilensteins bzw. einer Arbeitspaketmenge (Projektphase) mit der Vertikalen durch den Fertigstellungszeitpunkt des Meilensteins bzw. der Projektphase ergibt den zugehörigen Arbeitswert. In den folgenden Abbildungen sind die Fälle der Terminüberschreitung und der Kostenüberschreitung exemplarisch dargestellt.

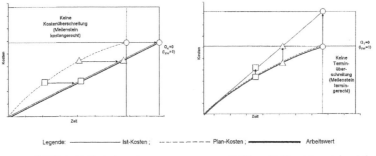

Legende: ——————— Ist-Kosten ; – – – – – – – – Plan-Kosten ; ▬▬▬▬▬ Arbeitswert

Abbildung 14: Kostenbewertung   Abbildung 15: Terminbewertung
Quelle: Burghardt, M., 1993, S. 318.   Quelle: Burghardt, M., 1993, S. 318.

In Abbildung 14 wird eine Terminüberschreitung akzeptiert um die geplanten Kosten nicht zu überschreiten, und in Abbildung 15 wird eine Kostenüberschreitung toleriert weil die Termineinhaltung eine höhere Priorität hat.

Restschätzungen:

Es werden drei Möglichkeiten der Restschätzungen im Rahmen der Sachfortschrittskontrolle genannt[63]:

- Die Restaufwandsplanung,

- die Restkostenschätzung und

- die Restzeitschätzung.

Die Restaufwands- und Restkostenschätzung werden in dieser Arbeit zusammenfassend behandelt, da eine Aufwandssteigerung automatisch eine Kostenerhöhung und umgekehrt

---

[63] Burghardt, M.: 1993 S. 320.

verursachen würde. Um den Restaufwand bzw. die Restkosten zu bestimmen, sind zwei Vorgehensweisen möglich[64]:

- Die zukunftsbezogene und

- die vergangenheitsbezogene Aufwands- bzw. Kostenbestimmung.

Bei der zukunftsbezogenen Bestimmung werden in der Zukunft liegende Aufgaben ermittelt ohne eine Berücksichtigung der Aufgaben aus der Vergangenheit.

Bei der vergangenheitsbezogenen Bestimmung wird nicht das künftige sondern das bereits abgearbeitet Arbeitsvolumen betrachtet, und von diesen Werten ausgehend wird eine Extrapolation in die Zukunft durchgeführt.

Für die Restzeitschätzungen gilt ähnliches wie für die Aufwands- und Restkostenschätzungen, weil in den meisten Fällen beide Projektgrößen eng zusammenhängen. So führt z.B. das Nichtausschöpfen eines vorgegebenen Budgets (bei sonst unveränderten Projektparametern) zwangsläufig zu einer Terminverschiebung.

2.2.4.4 Qualitätssicherung

Die Qualitätssicherung stellt alle organisatorischen und technischen Maßnahmen, die der Schaffung und Erhaltung der Konzept- und Ausführungsqualität dienen, zur Verfügung[65].

Für jede Art von Leistungserstellung gilt, auch im Rahmen von Projekten, daß die Qualitätssicherung eine interdisziplinäre Führungs-, Koordinierungs-, Schulungs- und Organisationsaufgabe ist, deren Ausmaß von der Verwendung der Produkte oder dem Einsatzzweck des Projekts abhängt[66]. Qualitätssicherung ist in seinem gesamten Umfang nicht delegierbar, sie ist in erster Linie eine Aufgabe des Projektmanagements, und muß von dort aktiv gesteuert werden[67]. Weitere wichtige Aufgaben der Qualitätssicherung sind eine effiziente Qualitätsplanung und -lenkung im Hinblick auf die Kosten, die Termine und die Projektqualität. Dabei ist ein System für die Prüfung der Entwurfsdokumente und der Realisierungsergebnisse zu konstruieren, und eine Überprüfung der Maßnahmen zur Qualitätssicherung durchzuführen.

Auf die konkreten Anwendungsmöglichkeiten und Einsatzgebiete der Qualitätssicherung kann in diese Arbeit nicht näher eingegangen werden. Aus diesem Grund wird zur Komplettierung des Aufgabenumfangs des Projektmanagementsystems, ein Überblick über die Begriffe der Qualitätsanforderungen in Bezug auf ein Projekt erläutert[68].

---

[64] Siehe zu weiteren Ausführungen: Burghardt, M.: 1993 S. 320f.
[65] Vgl. Gablers Wirschaftslexikon: 1988 S. 1124.
[66] Vgl. Reschke u. Schelle u. Schnopp.: 1989 S. 488.
[67] Vgl. Feigenbaum, A.V. in Handbuch Projektmanagement: 1989 S.489.
[68] Siehe zu weiteren Ausführungen: Burghardt, M.: 1993 S. 326ff.

Qualitätsplanung und -lenkung:

Die Qualitätsplanung und -lenkung sind Unterfunktionen der Qualitätssicherung[69]. In der Qualitätsplanung werden die Qualitätsmerkmale (bspw., quantitatives Merkmal = Zuverlässigkeit des Systems; qualitatives Merkmal = Übertragbarkeit der Einstellungen im System auf andere Module (Vererbung)) ausgewählt, sowie ihre geforderten und zulässigen Ausprägungen für ein Produkt und Verfahren festgelegt. Die Qualitätsplanung ist die Voraussetzung für die Qualitätsprüfung[70].

Die Qualitätslenkung beinhaltet die Vorgabe der geplanten Produkt- und Ausführungsanforderungen sowie deren Überwachung mit ggf. erforderlicher Korrektur der Ausführungen bei der Produkterstellung[71].

Prüfung der Entwurfsdokumente:

Bei der Einführung von Softwaresystemen wird eine laufende Überprüfung der vorgegebenen Meilensteinergebnisse gefordert. Diese Überprüfung wird unter Zuhilfenahme der Entwurfsdokumenten durchgeführt. Um Realisierungsfehler zu vermeiden, sind im Einführungsprozeß fehlerfreie Entwurfsunterlagen für die Meilensteinüberprüfung bereitzustellen. Die Überprüfung auf Vollständigkeit und Richtigkeit dieser Unterlagen ist Aufgabe der Qualitätssicherung.

Prüfung der Realisierungsergebnisse:

Das dynamische Überprüfen der Einzelprojektergebnisse (Phasen- oder Arbeitspaketergebnisse) dient zum Aufdecken und rechtzeitigen Erkennen von Fehlern im System, und zum Nachweis für das richtige Einbringen der Anforderungen in das System. Die Tests sind bei größeren Projektvorhaben in Testphasen entsprechend der Phasen des verwendeten Vorgehensmodells eingeteilt.

2.2.4.5 Projektdokumentation

Die Projektdokumentation spiegelt die gesamten Arbeitsergebnisse eines Projekts wider. Ohne eine vollständige und durchgängige Projektdokumentation - die alle Projektpläne und Projektberichte umfaßt - kann ein Projektmanagement nicht wirkungsvoll arbeiten. Die Voraussetzung für eine effizient nutzbare Projektdokumentation ist eine gut aufgebaute Dokumentationsordnung. In ihr sind Dokumentationsnormen und Ordnungsschemata enthalten, die für einen strukturierten Aufbau notwendig sind. Neben dem Führen eines Projekttagebuchs bietet sich der Aufbau von Projektakten an, die in Akten mit hierarchischer

---

[69] Vgl. Gablers Wirschaftslexikon: 1988 S. 1123.
[70] Vgl. Reschke u. Schelle u. Schnopp.: 1989 S. 535.
[71] Vgl. Reschke u. Schelle u. Schnopp.: 1989 S. 535.

Ordnung und Akten mit Auswahlordnung aufgeteilt werden[72]. Auf die Akten mit Auswahlordnung wird in dieser Arbeit nicht eingegangen, da sie nur bei kleineren Projekte ihre Anwendung findet.

Dokumentationsordnung:

Neben einer lückenlosen und konsistenten Produktdokumentation, die alle technischen Unterlagen[73] des herzustellenden Produktes enthält, wird die Dokumentation des Projektgeschehens als weiterer wichtiger Dokumentationsbestandteil angesehen. Zur Projektdokumentation gehören Unterlagen[74] für die Projektdefinition, für die Projektplanung, für die Projektkontrolle sowie für den Projektabschluß, also Dokumente, die mehr das Projektgeschehen und den Projektablauf als das zu entwickelnde Produkt beschreiben.

In das Dokumentationsordnungsschema gehören auch die Dokumentationsnormen, die in den DIN-Vorschriften[75] enthalten sind.

Als weiterer Bestandteil der Dokumentationsordnung ist das Ordnungsschema zu nennen, das in ein frei wählbares Nummernsystem und ein vorgegebenes Nummernsystem unterteilt werden kann und eine hierarchische Ordnung der Dokumentationsunterlagen gewährleistet.

Projekttagebuch:

In einem Projekttagebuch ist die Beschreibung der Projektaktivitäten an keine Form gebunden. Die Eintragungen in das Tagebuch geschehen handschriftlich[76], wobei auch Zeichnungen und Skizzen aufgenommen werden. Ein Projektmitarbeiter muß dieses Buch führen. Es ist darauf zu achten, daß man keine Seiten herausnehmen und andere hinzufügen kann, um eine lückenlose Dokumentation der Projektaktivitäten zu erhalten. Zusätzlich bietet es sich an, die Seiten durchzunumerieren. Das Projekttagebuch soll also nicht löschbare Informationen enthalten, um einem Verfälschen der Eintragungen vorzubeugen. Der Vorteil eines solchen Instruments ist, daß vieles, was zwischen dem Auftraggeber und dem Auftragnehmer abgesprochen werden muß, und nicht in irgendeiner Form in die konventionelle Projektdokumentation (Berichte, Grafiken, Akten) einfließt, belegt werden muß, um späteren Mißverständnissen vorzubeugen.

---

[72] Vgl. Burghardt, M.: 1993 S. 355.

[73] Hierzu gehören: Pflichtenhefte, Programmlistenstrings, Prüfunterlagen, Leitungsbeschreibungen, Spezifikationen, Benutzermanual, usw..

[74] Hierzu gehören: Projektauftrag, Projektstrukturplan, Terminplan, Aufwands-/Kostenplan, Qualitätssichungsunterlagen, Projektfortschrittsbericht, Projektkalkulation, Projektabschlußanalyse, usw..

[75] Hierzu zählen: DIN 66230 Programmdokumentation, DIN 66231 Programmentwicklungsdokumentaion, DIN 66232 Datendokumentation, DIN 6789 Dokumentationssystematik, Aufbau Technischer Erzeugnis-Dokumentationen.

[76] Hierzu: Burghardt, M.: 1993 S. 357.

Projektakte:

Eine Projektakte dient als zentrale Sammelstelle und der Strukturierung der Projektunterlagen. Hierbei kann die Projektakte als Büroordner vorliegen, oder in Form einer Datenbank auf einem PC bzw. Großrechner gespeichert werden. Für die Festlegung des Ordnungs-
schemas gibt es zwei Vorgehensweisen[77]:

• die fest vorgegebene Dokumentationsstruktur und

• die freie hierarchische Dokumentationsstruktur.

Die fest vorgegebene Dokumentationsstruktur ist in Bereichen mit vielen ähnlich ablaufenden
Projekten einzusetzen, die freie hierarchische Dokumentationsstruktur eignet sich dagegen für
die Verwendung bei größeren Projekten. Der Aufbau und die Inhalte dieser beiden
Dokumentationsstrukturen werden im Anhang 1+2 abgebildet.

2.2.4.6 Projektberichterstattung

Die Projektberichterstattung (kann auch Informationsmanagement genannt werden) dient zur
Informationsversorgung der an einem Projekt beteiligten Mitarbeiter auf der strategischen,
der dispositiven und der operativen Unternehmensebene. Alle diese Ebenen müssen
gleichermaßen mit vollständigen, zuverlässigen und aktuellen Informationen über das Projekt
versorgt werden. Die einzelnen Informationswege sind sorgfältig zu planen und während der
Projektdurchführung gezielt mit Informationen zu beliefern. Das Informationssystem kann
manuell betrieben werden, jedoch ist bei größeren Projekten einen DV-Unterstützung von
Vorteil, wenn eine große Menge von Daten und Fakten an eine Vielzahl von Personen, die am
Projekt beteiligt sind, verteilt wird. Die Verfahren und Hilfsmittel, die zur Durchführung
einer effizienten Projektberichterstattung benötigt werden, sind im Projektmanagement-
Berichtswesen, in verschiedenen Ausprägungen der Projektberichte, grafischen Darstellungen
der Informationen und Projektbesprechungen dargestellt. Alle Daten, die während des
Projektgeschehens anfallen, sind in einer gemeinsamen Datenbank zu hinterlegen.

Projektmanagement-Berichtswesen (im folgenden kurz: PM-Berichtswesen):

Das PM-Berichtswesen regelt und sichert den nutzungsgerechten Informationsfluß während
des gesamten Projektablaufs. Hierzu werden alle Projektbeteiligten gemäß ihrer individuellen
Informationsbedürfnisse einbezogen. Es muß Informationswege aufzeigen, Informationsbedürfnisse feststellen, Informationskanäle festlegen und Berichtszeiträume definieren[78]. Die

---

[77] Vgl. Burghardt, M.: 1993 S. 358ff.
[78] Vgl. Burghardt, M.: 1993 S. 365.

Frage nach der Berichtshäufigkeit ist nicht allgemein zu beantworten, sie hängt entscheidend von folgenden Faktoren ab[79]:

- Art des Projektes (F&E, Produktion, Softwareimplementierung, usw.),
- Vertragsbedingungen (bei extern finanzierten Projekten),
- Informationsart (Terminstatus, usw.) und
- Informationsbedeutung (Fehlerbericht, Personalaufwand, usw.).

Weiterhin sind die Informationswege so zu strukturieren, daß sowohl interne und auch externe projektbeteiligte Informationsträger erreicht werden. Die Informationsbedürfnisse der Projektbeteiligten hängen ganz von ihren Funktionen im Projekt ab. Die einzelnen Projektmitarbeiter benötigen z.B. detailliertere Informationen als die Geschäftsleitung. Diesen Ebenen müssen verdichtete Informationen über das Gesamtprojekt zur Verfügung gestellt werden. Eng mit dem Detaillierungsgrad hängt die Vollständigkeit der Berichterstattung zusammen. Der Projektleiter benötigt eine lückenlose Aufzeichnung aller Projektparameter. Auch in der Aktualität und Häufigkeit hat die Projektleitung die höchsten Ansprüche an die Projektberichterstattung. Um dieses Ziel zu erreichen, muß bereits bei Projektbeginn festgelegt werden, wer, wann, welche Informationen benötigt. Diese Festlegungen werden in einem Berichtsplan niedergeschrieben, der im Anhang 3 dargestellt ist.

Projektberichte:

Projektberichte dienen unmittelbar der Überwachung und Steuerung des Projekts. In den Projektbericht gehören sowohl quantifizierbare und meßbare Daten (Kosten, Termine, Personalsituation, Daten über die Arbeitspakete) als auch nicht quantifizierbare Daten (nachlassendes Interesse des Managements, der Grad der Unverbindlichkeit nimmt zu, ständige Nachforderungen, Desinteresse im Projektteam)[80]. Anhand der nichtquantifizierbaren Daten kann man frühzeitig Projektkrisen erkennen.

Die Projektberichte sind wie folgt untergliedert:

- Plan-/Ist-Vergleich (Statusberichte),
- Plan-Plan-Vergleich (Trendanalyse),
- Fortschrittsberichte (Sachfortschritt),
- Qualitätsberichte,
- Auslastungsberichte und
- Projektdatenauswertungen[81].

---

[79] Madauss, B.J.: 1990 S. 289.
[80] Vgl. Reschke u. Schelle u. Schnopp.: 1989 S. 916.
[81] Siehe zu weiteren Ausführungen: Burghardt, M.: 1993 S. 366ff.

Grafische Informationsdarstellung:

Zur Informationsdarstellung in Projektberichten bieten sich zwei Darstellungsformen an; die grafische und die tabellarische Darstellung. Da keine der beiden Darstellungsformen alle Informationen komplett über das Projektgeschehen enthält, müssen sie einander ergänzend benutzt werden. Die folgenden Tabelle zeigt die Vor- bzw. Nachteile dieser beiden Darstellungsformen auf:

Art der Darstellung	Vorteile	Nachteile
Tabellarische Informationsdarstellung	• Exakte Werte • Hoher Informationsinhalt • Einfache Aufbereitung • Leichte Änderbarkeit	• Unübersichtlich (Zahlen-friedhof) • Schwere Trennung zwischen Wichtigem und Unwichtigen
Grafische Informationsdarstellung	• Transparenz • Informativ, aussagekräftig • Geringer Aufwand bei manueller Skizzierung	• Ungenaue Wertangaben • Problem bei Informationskomprimierung • Begrenzte Informationsmenge • Großer Aufwand bei maschineller Aufbereitung

Tabelle 4: Vor- und Nachteile der tabellarischen und grafischen Informationsdarstellung
Quelle: Burghardt, M.: 1993 S.370.

Innerhalb eines Projektes ist es sinnvoll, die Projektberichterstattung zu standardisieren. Das hat den Vorteil, daß man im gesamten Projektablauf immer mit den gleichen Darstellungsformen arbeitet, und bei der Projektbeurteilung auf die gleichen Daten zurückgegriffen werden kann. Stehen für das Projekt und seine Teilprojekte die Standardgrafiken fest, so ergibt sich eine gute Vergleichbarkeit von Projektdaten. Im Anhang 4 wird auf verschiedene Grafiken, die beispielhaft in die Projektberichterstattung eingebettet wurden, hingewiesen[82].

Projektbesprechungen:

Dem direkten Informationsaustausch im Projektablauf dienen Projektbesprechungen. Sie bilden die Grundlage für eine gezielte Projektsteuerung und -überwachung. Bei auftretenden Schwierigkeiten im Projektablauf und den daraus resultierenden Planabweichungen kann der Tagungsturnus der Projektbesprechungen in drei unterschiedliche Besprechungsarten[83] je nach Dringlichkeit gesteuert werden:

• Regelmäßige,

---

[82] Hierzu Burghardt, M.: 1993 S. 371ff.
[83] Burghardt, M.: 1993 S. 375.

- ergebnisgesteuerte und

- ereignisgesteuerte Projektbesprechungen.

In den „regelmäßigen Projektbesprechungen" ist das Hauptziel, den Projektstatus zu ermitteln[84]. In diesen Besprechungen werden weiterhin, Abweichungen[85] fixiert und die erforderlichen Steuerungsmaßnahmen festgelegt. Als weitere Punkte sind Verbesserungsmaßnahmen und Lösungskonzepte zu erarbeiten, die die Kommunikation im Projekt steigern und Informationslücken aufdecken.

Bei der „ergebnisgesteuerten Projektbesprechung" hingegen wird nicht in einem festen Turnus getagt, sondern zu einem geplanten Zäsurpunkt[86]. In diesen Zäsursitzungen werden die Terminsituation nach Abschluß des behandelten Projektabschnitts, des Plan-/Ist-Vergleichs für Aufwand und Kosten, der erreichten technischen Ergebnisse und des Qualitätsstand des jeweiligen Projektabschnittes besprochen. Weiterhin wird die Projektpersonalsituation (Neueinstellungen, Beförderungen, Versetzungen), die Abweichungsanalysen des durchlaufenen Prozeßabschnitts sowie die Planung des folgenden Prozeßabschnitts in diesen Sitzungen erläutert. Die Ergebnisse werden in einer Beschlußvorlage zusammengefaßt, damit gewährleistet ist, daß bei Sitzungsende keine Entscheidung übersehen wird und dann unbearbeitet und ungeklärt bleibt.

„Ereignisgesteuerte Projektbesprechungen" werden einberufen, wenn ein unvorhergesehenes Ereignis im Projektablauf eingetreten ist. Als ungeplante Ereignisse sind das Auftreten einer Projektkrise, sich abzeichnende erhebliche Planabweichungen (Termin, Kosten, Sachfortschritt) und sich abzeichnende Qualitätsmängel zu nennen. Außerdem wird auf plötzlich eingetretene Personalprobleme, dem Auftreten von entwicklungstechnischen Sachproblemen und veränderte Marktsituationen eingegangen. Im Gegensatz zu den regelmäßigen und ergebnisgesteuerten Projektbesprechungen umfassen die ereignisgesteuerten einen variablen Teilnehmerkreis, d.h. sie setzen sich immer wieder aus verschiedenen Personen zusammen[87]. Im Anhang 5 sind für eine Reihe von Projektbesprechungen angegeben, welcher Teilnehmerkreis jeweils einbezogen werden sollte[88].

---

[84] Aus diesem Grund werden sie Projektstatusbesprechungen genannt.
[85] Hier sind zu nennen: Termine, Kosten, Aufwände und Sachfortschritt.
[86] Zu diesem gehören vor allem die Phasen- und Meilenstein-Entscheidungssitzungen.
[87] Die Konstellation des Personenkreises richtet sich ganz nach der jeweiligen Problemstellung, um eine bestmögliche Lösung herbeizuführen.
[88] Burghardt, M.: 1993 S. 377.

Projektdatenbasis:

Die Projektdatenbasis bildet die Voraussetzungen für eine durchgängige Projektbericht-erstattung. Sie sollte konsistente, aktuelle und vollständige Daten des Projektgeschehens enthalten und aufnehmen können. In sie fließen alle projektorientierten Daten ein, wie Plan- und Ist-Aufwände und Termine der einzelnen Arbeitspakete sowie die detaillierten Plan- und Ist-Kostenanteile. Quellen für diese Daten sind drei Aktivitätsbereiche[89]:

- Termin- und Aufwandsüberwachung,
- Produktrealisierung und
- kaufmännische Abwicklung.

Die folgende Abbildung stellt die Zusammensetzung der Projektdatenbasis dar:

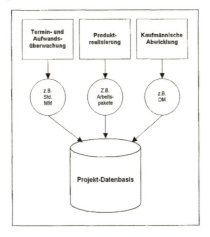

Abbildung 16: Quellen einer Projektdatenbasis
Quelle: Burghardt, M.: 1993 S.379.

Diese Produkt- und Projektdaten müssen aufeinander beziehbar sein, da sie alle im selben Projekt vorkommen. Es gibt aber Probleme hinsichtlich der eben genannten Forderung der Datenkompatibilität, wenn z.B. Aufwände und Kosten nicht zuordnungsgerecht gegenüber-gestellt werden können, weil die Projektstruktur nicht mit der Kontenstruktur der Projekt-kostenrechnung übereinstimmt, oder wenn für Arbeitspakete, deren Termine bekannt sind, keine Kostenangaben vorliegen. Es ist also darauf zu achten, daß bereits in frühen Projekt-phasen die oben erwähnten drei Aktivitätsbereiche und die daraus entstehenden Daten in eine gemeinsame Produktstruktur gebracht werden. Die Produktstruktur muß für die Projekt-

---

[89] Burghardt, M.: 1993 S. 379.

planungs- und steuerungsverfahren, die Produktverwaltungssysteme und die Kosten-
verrechnungssysteme gleichermaßen und kompatibel auf einer Datenbank gespeichert
werden. In der folgenden Abbildung ist die Produktstruktur als gemeinsame Datenbasis
dargestellt.

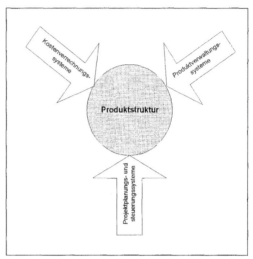

Abbildung 17: Produktstruktur als gemeinsame Datenbasis
Quelle: Burghardt, M.: 1993 S.380.

Es muß erreicht werden, daß Terminverfolgung, Aufwandserfassung, Kostensammlung und
Ergebnismessung ihre Plan- und Istdaten in der selben Datenbank gemeinsam an- und
ablegen. Dies ist die Voraussetzung für eine erfolgreiche Projektdatenauswertung innerhalb
der Berichterstattung. Ist dies nicht der Fall, kann es passieren, daß die Kostenüberwachung
noch „in Plan" ist, wogegen die Aufwands- und Terminüberwachung bereits eine Planüber-
schreitung verzeichnet. In der nächsten Abbildung ist die Konfiguration der Verfahren, die in
eine Projektüberwachung involviert sind, zu sehen.

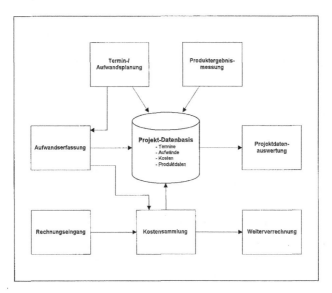

Abbildung 18: Gemeinsame Projektdatenbasis
Quelle: Burghardt, M.: 1993 S.380.

Die Verfahrensintegrationen werden aber nur dann voll wirksam, wenn die einzelnen Ablauforganisationen[90] für die jeweiligen Verfahrensabwicklungen aufeinander abgestimmt sind.

---

[90] Z.B. wenn innerhalb eines Projektes verschiedene Teilprojekte laufen, müssen diese die gleichen ablauforganisatorischen Voraussetzungen haben wie das Gesamtprojekt.

3 Projektmanagement bei der Einführung der Standardsoftware SAP R/3 am Beispiel der Muster AG

Nachdem im zweiten Kapitel die theoretischen Grundlagen eines Projektmanagementsystems erläutert wurden, ist das dritte Kapitel praxisorientiert aufgebaut. Es beschäftigt sich mit der Anwendung des Projektmanagements im Rahmen der Einführung der Standardsoftware SAP R/3 bei der Muster AG am Standort Ost. Der Schwerpunkt der Arbeit liegt darauf, die Instrumente und Werkzeuge des Projektcontrollings zu behandeln. Mit der Analyse der momentanen Projektsituation, der Ist-Analyse, wird begonnen; außerdem werden in diesem Zusammenhang die Schwachstellen des Projekts dargestellt. Anschließend werden die Werkzeuge des Projektcontrollings untersucht und ihre Einsatzgebiete erläutert. In einem letzten Abschnitt dieses Kapitels werden dann in einer Soll-Konzeption Vorschläge erarbeitet, mit denen man ein solches Projekt noch effizienter umsetzen kann.

3.1 Ist-Analyse und Schwachstellen des aktuellen Projektmanagementsystems

In der Ist-Analyse werden zunächst die Unternehmensstrukturen der Muster AG dargestellt. Die Bewertung der systemtechnischen Besonderheiten der Standardsoftware SAP R/3 wird in einem weiteren Schritt vorgenommen, und die Implementierungsstrategie sowie die benutzten Werkzeuge des Projektmanagements untersucht. Gleichzeitig werden Schwachstellen des Projektmanagements aufgezeigt.

3.1.1 Die Muster AG

Die Muster-Firmengruppe[91] (im folgenden kurz: MFG) ist Marktführer auf dem Gebiet der Baustoffe in der Bundesrepublik Deutschland. Die Firma Muster AG von Werner Muster GmbH & Co.KG, Münster, nimmt die Aufgaben einer Holding wahr. Ihr sind die Zentralbereiche zugeordnet, die aus dem folgenden Schaubild ersichtlich sind.

---

[91] Muster Firmengruppe ist die Bezeichnung für den Verbund der gesamten rechtlich unabhängigen Firmen, die von der Dachgesellschaft, den Muster AG, organisatorisch und verwaltungstechnisch betreut werden.

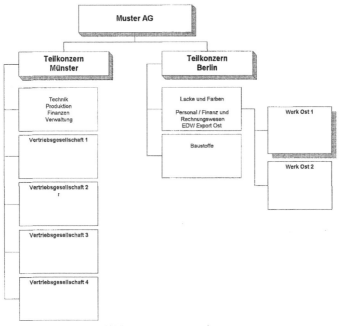

Abbildung 19: Konzernorganigramm
Quelle: Organisationsabteilung der MUSTER-WERKE

Die Münsteraner Vertriebsgesellschaften 1, 2, 3 und 4 stellen rechtlich selbständige Geschäftseinheiten dar, welche die verschiedenen Produktprogramme zielgruppenorientiert vermarkten. Jede Vertriebsgesellschaft hat ihre eigene Außendienstorganisation und kundenorientierte Serviceabteilungen.

3.1.2 Der Standort Ost als Pilotbereich

Der Standort Ost ist mit einer Belegschaft von ca. 60 Mitarbeitern eines der kleineren Werke in der Firmengruppe bezeichnet. Die Abteilungen Forschung und Entwicklung, der Einkauf und der Vertrieb werden an diesem Standort eigenständig betreut. Das Produktionsprogramm umfaßt die Sparten

- Company Produkte,
- Oststandorter Baustoffe.

Das Finanz- und Rechnungswesen, das Controlling und die DV/Organisation werden von Berlin aus wahrgenommen. Das folgende Organigramm stellt die aufbauorganisatorischen Strukturen des Standortes Ost und die Stellung in Teilkonzern Berlin dar.

Abbildung 20: Organigramm des Standorts Ost
Quelle: Vgl. Mustermann, M.: 1997 S.4.

Der Oststandort wurde als Pilotprojekt für die Implementierung der R/3-Standardsoftware von der SAP AG ausgewählt weil es bezogen auf die MUSTER-WERKE eine autarke Unternehmenseinheit darstellt.

3.1.3 Implementierungsstrategie

Die MUSTER-WERKE haben sich für ein stufenweises Vorgehen bei der Implementierung entschieden. Zunächst werden die Logistikfunktionen Vertrieb/Versand (SD), Materialwirtschaft (MM) und Produktionsplanung/Steuerung (PP) im Standort Oststandort eingeführt. Die SAP-Software löst in der Materialwirtschaft und der Produktionsplanung eine bestehende PC-basierte Software ab. Im Vertrieb wird die auch in Münster eingesetzte Auftragsabwicklung (AAW) auf der AS/400[92] abgelöst, mit dieser Maßnahme ist gewährleistet, daß am Oststandort für die Logistik eine reine SAP-Lösung zum Einsatz kommt. Systemschnittstellen bestehen auf der Lieferantenseite zur Kreditorenbuchhaltung und auf der Verkaufsseite zur Debitorenbuchhaltung. Die Buchhaltung wird in Berlin auf dem DCW-System[93] wahrgenommen. In der folgenden Abbildung ist die geplante Einführung der SAP-Logistikmodule und die bestehende Infrastruktur der EDV der MUSTER-WERKE dargestellt.

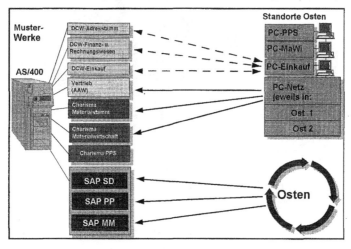

Abbildung 21: SOLL-Systemlandschaft Oststandort auf SAP R/3
Quelle: MUSTER-WERKE-Einsatzuntersuchung: 1996 S.85.

---

[92] Die AS/400 ist ein Zentralrechnersystem von der Firma IBM, das meisten in mittelständischen Unternehmen eingesetzt wird. Zur Zeit befinden sich ca. 350.000 bis 400.000 Installationen weltweit im Einsatz.
[93] Standardsoftware von Dr. Claus Wellenreuter (DCW) für die Abbildung des Finanz- und Rechnungswesens bei der MUSTER-WERKE.

3.1.4 Philosophie des SAP R/3-Systems

Der Grundgedanke, der hinter dem Konzept des SAP R/3-Systems steht, ist die funktionale Abdeckung aller wesentlichen Unternehmensanforderungen sowie eine bereichsübergreifende Integration der betrieblichen Datenverarbeitung. Da die Software in modularer Weise aufgebaut ist, kann man die sonst starre Standardsoftware flexibel den Erfordernissen eines Unternehmens anpassen und einsetzen. Die SAP R/3-Software bildet zur Zeit die in der folgenden Abbildung zu sehenden betriebswirtschaftlichen Komponenten ab:

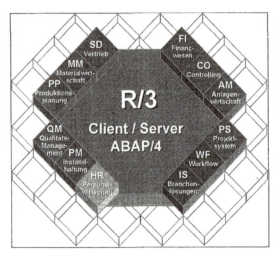

Abbildung 22: Die betriebswirtschaftlichen Komponenten des SAP R/3-Sytems
Quelle: SAP AG: Firmenporträt auf CD: Dateiname: posi\Cp95_d.ppt Folie 17.

Beim Einsatz einer Standard-Software im Unternehmen ist es notwendig das neue System den unternehmensspezifischen Gegebenheiten anzupassen. Dieses „aufeinander einstellen" wird im SAP R/3-System „Customizing[94]" genannt. Durch diese Einstellmöglichkeit des Systems, wird ein zusätzlicher Programmieraufwand fast überflüssig[95]. Nur bei besonderen

---

[94] Methode im R/3-System, mit der man die SAP-Funktionalitäten im Unternehmen schnell, sicher und kostengünstig einführen, die unternehmensneutral ausgelieferte Funktionalität den spezifischen betriebswirtschaftlichen Anforderungen Ihres Unternehmens anpassen, und die Phasen der Einführung und der Anpassung in einem einfachen Werkzeug für Projektsteuerung dokumentieren und verwalten kann.
[95] Vgl. Engels u. Gresch u. Nottenkämper, N.: 1996 S. 99.

Einstellungen muß noch, mittels der SAP-spezifischen Programmiersprache ABAP/4[96], programmiert werden.

3.1.4.1 Systemtechnischer Aufbau von SAP R/3

Mit der Entwicklung der R/3-Software hat die SAP die Anforderungen nach einem offenen System auf der Grundlage des Client-Server-Computing umgesetzt. Dies konnte man durch die Trennung der Anwendungen von der systemtechnischen Basis erreichen. Innerhalb der programmtechnischen Strukturen realisiert das R/3-System diese Anforderungen, indem Softwareprodukte unterschiedlichster Hersteller als Basis des R/3-Systems verwendet werden können, bei den MUSTER-WERKE wird auf der AS/400 das Betriebssystem OS/400 und die Datenbank DB2/400 genutzt. Im Hardwarebereich verwendet das R/3-System die Grund-lagen der modernen mehrstufigen Client/Server-Technologie. Der Aufbau der Client-Server-Systemen kann in zentraler, zwei- oder dreistufiger Weise erfolgen[97]. In der folgenden Abbildung werden die drei Formen des Client-Server-Aufbaus[98] dargestellt.

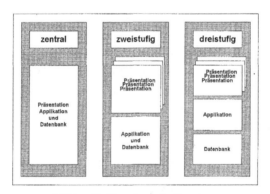

Abbildung 23: Client-Server-Konfigurationen
Quelle: Vgl. Engels u. Gresch u. Nottenkämper: 1996 S.34.

---

[96] ABAP/4 (Advanced Business Application Programming/4) ist eine Programmiersprache der vierten Generation, die SAP zur Entwicklung von Anwendungsprogrammen entwickelt hat.
[97] Vgl. Engels u. Gresch u. Nottenkämper: 1996 S. 34.
[98] Ziel des Client-Server-Modells ist die gemeinsame Nutzung aller im Unternehmen existierenden DV-Anwendungssysteme, Datenbestände und Rechner- bzw. Geräteleistungen durch alle berechtigten Stellen.

Der Aufbau ist in die Ebenen der Präsentation, Applikation und Datenbank aufgeteilt. Der Grund für die unterschiedlichen Konfigurationsmöglichkeiten liegt in den jeweiligen Unternehmensstrukturen und den systemtechnischen Voraussetzungen der DV-Landschaft für die Konfigurationswahl. Die zentrale Konfiguration wird in der Praxis kaum angewendet. Die zweistufige Konfiguration kommt sehr oft bei mittelständischen Unternehmen zum Einsatz, bei denen die Rechnerleistung des Zentralrechners im Vordergrund steht. Die Clients, auf denen die Präsentationen ablaufen, entlasten den Zentralrechner von Präsentationsaufgaben. Bei der dreistufigen Konfiguration liegt der Vorteil in der besseren Lastverteilung innerhalb des Systems, dadurch werden kürzere Antwortzeiten bei Systemdialogen möglich. Diese Konfigurationsmöglichkeit wird bei großen Unternehmen, die eine Vielzahl von Anwendern gleichzeitig und problemlos im System verwalten müssen, bevorzugt eingesetzt. Bei den MUSTER-WERKEN wird zur Zeit das zweistufige Konzept verfolgt. Dabei wird auf der AS/400 die Datenbankebene und die Anwendungsebene abgebildet und auf Windows NT die Präsentationsebene.

3.1.4.2 Werkzeuge und Customizing zur SAP R/3-Einführung

Im Rahmen des Customizing werden von der SAP Werkzeuge zur Verfügung gestellt, mit deren Hilfe die Anpassungen des R/3-Systems an die Anforderungen des Kunden umgesetzt werden können und die bei der Ersteinführung eines SAP-Systems unterstützen. Die Werkzeuge, die man zur Einführung des SAP R/3-Systems im Rahmen des Projekts Oststandort einsetzt wurden, sind:

- das SAP-Vorgehensmodell,
- das Referenzmodell mit dem Business Navigator,
- der Einführungsleitfaden (IMG = Implementation Guide),
- MS-Office (Word, Excel, Power-Point),
- MS-Project und der
- ABC-FlowCharter.

3.1.5 Ist-Situation und Schwachstellen in der Projektplanung

Zunächst werden die Tätigkeiten im Bereich des Projektplanung beschrieben und anschließend wird auf die Schwachstellen der einzelnen Bereiche eingegangen.

3.1.5.1 Strukturplanung

Für die Einführung des R/3-Systems stellt die SAP mit dem Vorgehensmodell (im folgenden kurz: VGM) einen Strukturplan zur Verfügung. Bei den MUSTER-WERKEN hat man sich aufgrund noch nicht vorhandener Erfahrungen im Projektmanagement am VGM orientiert. Dieses untergliedert sich in vier Phasen:

- Organisation und Konzeption (Phase 1),
- Detaillierung und Realisierung (Phase 2),
- Produktionsvorbereitung (Phase 3) und
- Produktivbetrieb (Phase 4).

Jede Phase besteht aus mehreren Arbeitspaketen, wobei das letzte Paket der Qualitätsprüfung und Freigabe der Arbeitsergebnisse der jeweiligen Phase dient. In der ersten Ebene befinden sich die einzelnen Arbeitspakete[99]. Die zweite Ebene der Arbeitspakete stellt zum einen den Informationsfluß phasenübergreifend zwischen den Arbeitspaketen dar, und zum anderen werden die notwendigen Projektaktivitäten und deren Bedeutung erläutert. In der folgenden Abbildung ist das VGM dargestellt:

---

[99] Arbeitspakete beschreiben thematisch zusammengehörige Aufgabenstellungen innerhalb einer Phase des R/3 Vorgehensmodells. Sie sind in textueller und grafischer Form (als ereignisgesteuerte Prozeßketten EPK) beschreiben. Die Arbeitspakete dienen außerdem als Strukturelemente für eine grobe Projektplanung und Projekt-steuerung.

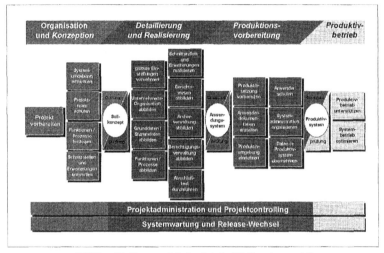

Abbildung 24: Phasen u. Arbeitspakete im R/3-Vorgehensmodell
Quelle: Klein T.: R/3 Einführungsunterstützung: Dateiname: EVENT\a01ein_d.ppt Folie 6.

Die folgende Abbildung zeigt einen Ausschnitt aus dem VGM, in dem die Aktivitäten der Arbeitspakete zu sehen sind.

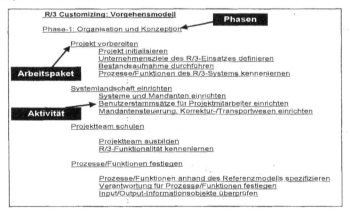

Abbildung 25: Darstellung einzelner Arbeitspakete und Aktivitäten aus dem VGM
Quelle: SAP R/3-System der MUSTER-WERKE

Die Ebene der Projektaktivitäten liefert konkrete Handlungsanweisungen (Empfehlungen) zur Durchführung der jeweiligen Projektaktivität sowie ergänzende Informationen mit Hinweisen und Beispielen für die praktische Arbeit. Dies gilt sowohl für die Werkzeugnutzung als auch für Aspekte der organisatorischen Abwicklung der Projektaktivitäten. Für die Bearbeitung der Aktivitäten (Feinplanung) steht der Einführungsleitfaden zur Verfügung, dieser wird in den weiteren Ausführungen dieser Arbeit erläutert.

→ **Schwachstellen**

Im VGM sind einige Funktionalitäten wie z.B. in der Phase 3, die „Dokumentationsunterstützung" und die „Qualitätsprüfung des Anwendersystems" nicht beschrieben oder werden von der SAP noch nicht angeboten.

3.1.5.2 Aufwandsschätzung

Bei der Aufwandsschätzung geht es insbesondere um die Kosten für externe SAP-Beraterleistungen. Diese Aufwendungen gehen aus einer Einsatzuntersuchung[100], die durch die SAP-AG und die MUSTER-WERKE im Vorfeld durchgeführt wurde, hervor. Die Einsatzuntersuchung erfolgte durch eine jeweils zweitägige Befragung der logistischen Fachabteilungen (Einkauf, Produktion, Vertrieb) in Münster und Oststandort im September 1996. Auf der Basis dieser Befragung erfolgte die Aufwandsschätzung für die Einführung der Logistikmodule (MM, PP, SD) an den Standorten Münster, Oststandort. Zur Schätzung der Kosten wurde die **Funktionswertmethode** (siehe Kapitel 2.2.1.2) angewendet. Bei dieser Methode werden in Workshops Befragungen der Fachabteilungen durchgeführt und aus den Ergebnissen anschließend die Daten für die Aufwandsschätzung gewonnen. In der folgenden Tabelle ist exemplarisch die Aufwandsschätzung (externe Aufwände) gegliedert nach Funktionen für den Standort Ost dargestellt:

Funktion / Anwendung	Aufwand in MT
Projektleitung	20
Basis (BC)	20
Materialwirtschaft (MM)	35
Produktionsplanung (PP)	35
Vertrieb (SD)	55
Summe	**165**

Tabelle 5: Aufwandsschätzung für externe Aufwände für den Standort Ost
Quelle: MUSTER-WERKE-Einsatzuntersuchung: 1996 S.110.

---

[100] Das Ziel der Einsatzuntersuchung ist es, eine Entscheidungsgrundlage herbeizuführen um eine grobe Aufnahme der Ist-Abläufe und die Ermittlung der kritischen Prozesse zu erhalten. Weiterhin wurde der Ist-Zustand bewertet, und es wurde eine Klärung der Anforderungen an R/3 unter Berücksichtigung einer Optimierung der Abläufe und eventuell daraus resultierenden organisatorischen Änderungen vorgenommen.

Aus der Summe von 165 Manntagen kann zu diesem Zeitpunkt der Projektplanung noch kein konkretes Kostenvolumen ermittelt werden, da noch nicht genau bekannt ist, mit welchen Beratersätzen[101] die einzelnen Funktionen bearbeitet werden.

→ **Schwachstellen**

Durch die Integration[102] des Systems müssen innerhalb der Customizing-Einstellungen die Module FI (Finanzbuchhaltung) und CO (Controlling) mit den nötigen Daten versorgt werden. Bei der Aufwandsschätzung wurden zusätzliche Schulungsaufwendungen und Beraterhonorare für diese Einstellungen der Module im Projektbudget nicht berücksichtigt. Dieser Zusatzaufwand ist aber notwendig, um die Logistikmodule einzuführen. Weiterhin hat sich gezeigt, daß die Nebenkosten erheblich höher liegen, als zuvor angenommen wurde. Konkret heißt das, es entstehen unterschiedliche Nebenkostensätze bei verschiedenen Beraterabrechnungsklassen (K3 oder K4). In der folgenden Tabelle wird dies verdeutlicht.

Beispiel 4 Beratungstage Münster	Beratersatz	Beratersatz
Spesen pro	50	50
Reisezeit 2 h/Tag	230	270
Km-Geld pro km 0,8 DM	120	120
Summe für 4	1.600	1.760
Summe pro	400	440
4 Beratungstage Oststandort	Beratersatz	Beratersatz
Spesen pro	50	50
Reisezeit 6 h/Einsatz	690	810
200 km (Walldorf-Flughafen Ffm.	160	160
Hote	340	340
Flug	823	823
Summe für 4	2.063	2.183
Summe pro	516	546

Tabelle 6: Bsp. Nebenkostenabrechnung für externe Beraterleistungen
Quelle: Projektleiter MUSTER-WERKE

---

[101] Beratersätze können in den Gruppen K3 (Beratung) und K4 (Projektmanagement/Customer Support Management) abgerechnet werden.
[102] Unter Integration versteht man die Verknüpfung einzelner Komponenten zu einem System. Einstellungen, die in einem Modul vorgenommen werden, haben nicht nur Auswirkungen auf das Modul selbst, sondern auch auf weitere Module, mit denen das System verbunden ist.

3.1.5.3 Ablauf- und Terminplanung

Die Ablauf- und Terminplanung ist am Anfang des Projekts nach der von der SAP vorgegebenen Struktur aus dem VGM geplant worden. Dabei gibt die SAP Erfahrungswerte vor, mit denen man die Dauer der Projektphasen abschätzen kann.

Die 1. Phase (Organisation und Konzeption) wird mit 35% der Gesamtdauer geplant, die 2. Phase (Detaillierung und Realisierung) mit 40%, die 3. Phase (Produktionsvorbereitung) mit 20% und die 4. Phase (Produktivbetrieb) mit 5%. Die Gesamtdauer wurde von dem 20.01.97 bis zum 27.06.97 mit 103 Arbeitstagen festgelegt. Die 4. Phase, der Produktivbetrieb, beginnt mit dem Abschluß der 3. Phase, und mit ihr wird das System produktiv gehen. Die 4. Phase (Test) läuft vertragsbedingt bis zum 30.09.1997, während der das System zu testen ist. In der folgenden Tabelle sind die Projektphasen in Bezug auf die Grobterminierung dargestellt.

SAP		MUSTER-WERKE		
		Anfang	Ende	Arbeitstage
1. Phase	35%	20.01.97	12.03.97	36
2. Phase	40%	13.03.97	27.05.97	41
3. Phase	20%	28.05.97	27.06.97	20
4. Phase	5%	30.06.97	offen	6
Summe				103

Tabelle 7: Terminplanung nach Phasen
Quelle: Projektleiter MUSTER-WERKE

Die Termine können sowohl im VGM als auch in MS-Project[103] gepflegt werden. Die Vor- bzw. Nachteile dieser beiden Tools werden in der folgenden Tabelle verdeutlicht.

---

[103] Das von Microsoft entwickelte Projektmanagementprogramm ist ein Werkzeug, das den Projektleiter und die Projektmitarbeiter im Projektablauf in Bezug auf die Ablauf- und Terminplanung des Projekts unterstützen.

	Vorteile	Nachteile
VGM	• alle im SAP-System arbeitenden Mitarbeiter können auf das Tool zugreifen und es nutzen	• schlechte gesamtheitliche Visualisierung • weitergehende Funktionalitäten (Kostenauswertungen, Ressourcenabgleich, usw.) nicht vorhanden
MS-Project	• übersichtliche Visualisierung • weitergehenden Auswertungsmöglichkeiten vorhanden (Kostenauswertungen, Ressourcenabgleich, usw.) • schnell erlernbar	• zusätzliche Kosten für Anschaffung • beim Down-/Uploadvorgang werden nicht alle Daten übertragen • hoher Datenpflegeaufwand • Performanceprobleme in Bezug auf die Rechnerleistung

Tabelle 8: Vor- und Nachteile des VGM und MS-Project
Quelle: Eigene Darstellung

Für weitergehende Funktionalitäten (Einsatzplanung, Kostenplanung, graphische Aufbereitung, Abbildung von Abhängigkeiten) werden alle Statusinformationen von SAP an MS-Project über die Downloadfunktionalität[104] übergeben. Anschließend stellt man die Daten in Form eines Ganttdiagramms dar. Das hat den Vorteil, daß man die Terminsituation des Projektes übersichtlich und strukturiert auf einem Spreadsheet darstellen kann. Diese Darstellungen dienen als Diskussionsgrundlagen in den Projektbesprechungen. Umgekehrt können aber auch Daten aus MS-Project in die Statusfelder des VGM's übernommen werden (Upload). Im Anhang 7 dieser Arbeit ist eine solche Ablauf- und Terminplanung dargestellt.

Weiterhin wird die Unterstützung der Feinplanung durch den Einführungsleitfaden[105] (im folgenden kurz: IMG) gewährleistet. Mit Hilfe des IMG's werden die Systemeinstellungen für alle Anwendungen des R/3-Systems durchgeführt. Im IMG können eigene Arbeitsschritte aufgenommen werden; der Projektleiter oder der jeweilige Projektmitarbeiter hat die Möglichkeit, den Einführungsleitfaden gemäß seinen Anforderungen zu erweitern und anzupassen.

SAP liefert standardmäßig einen IMG im R/3-System aus, in dem die Systemeinstellungen aller Anwendungen hinterlegt sind. Diesen SAP-Referenz-IMG paßt man an das für das Unternehmen relevante Maß an. Im sogenannten Unternehmens-IMG wählt man über eine Funktionsauswahl die Anwendungen und Länder aus, für die man das SAP-System einsetzen möchte. Der Unternehmens-IMG enthält nur noch die Funktionen, die man benötigt.

Ein Projekt-IMG kann verwendet werden, um den Unternehmens-IMG weiter zu unterteilen. Auch hier legt man den Projektumfang über eine Funktionsauswahl fest, indem die Anwendungen und Länder weiter eingeschränkt werden. Aufgrund dieser Auswahl erstellt das

---

[104] Der Download wird über eine OLE-Schnittstelle übertragen und im MPX-Datenformat gespeichert. Da MS-Project ebenfalls mit dem MPX-Format arbeitet, ist hierbei eine sehr gute Systemintegration gewährleistet.
[105] Vgl. SAP AG: R/3 Online Dokumentation: 9/96 im Kapitel „Einführungswerkzeuge".

System einen spezifischen Einführungsleitfaden, der genau die Aktivitäten enthält, die für die ausgewählten Funktionen im Projekt erforderlich sind. Hier ist auch die Verbindung zwischen dem VGM und dem IMG zu erkennen. Aus den Arbeitspaketen des IMG's kann man Sichten[106] generieren, um die zugehörigen Customizingaktivitäten herauszufiltern. In der folgenden Abbildung sind die IMG's dargestellt:

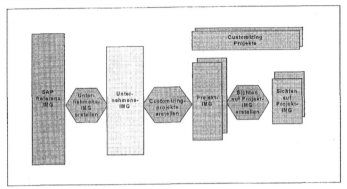

Abbildung 26: Einführungsleitfaden (IMG)/Customizing-Projekte
Quelle: Klein, T.: R/3 Einführungsunterstützung: Dateiname: EVENT\a01ein_d.ppt Folie 20.

→ **Schwachstellen**

MS-Project weist in Verbindung mit SAP R/3 einige Mängel auf. Beim Downloadvorgang werden Daten (Ressourcen und Kommentare) nicht übertragen, weil die SAP R/3-Tabellenstrukturen nicht identisch mit den MS-Project-Tabellen aufgebaut sind. Diese müßten erst den SAP-Tabellenstrukturen angepaßt werden, um eine vollständige Integration zu MS-Project herzustellen. Beim Uploadvorgang hingegen werden „neu hinzugefügte Aktivitäten" in MS-Project, nicht an das VGM übergeben. Weiterhin ist das VGM prozeß-orientiert aufgebaut und kann aus diesem Grund nicht in modularer Weise strukturiert werden. Der IMG ist hingegen funktionsorientiert aufgebaut. Durch diese unterschiedlichen Strukturen mußte in der 2. Phase (Detaillierung und Realisierung) das Arbeitspaket „Funk-tionen/Prozesse abbilden" durch die „Funktionen/Prozesse abbilden FI/CO", die „Funktio-nen/Prozesse abbilden MM", „Funktionen/Prozesse abbilden PP" und „Funktionen/Prozesse abbilden SD" erweitert werden, um die Koordination der Ressourcen bezogen auf die Termi-ne in diesem Bereich zu verfeinern.

---

[106] Über die Auswahl von Attributen kann man den Projekt-IMG verkleinern. Folgende Attribute stehen hierbei zur Auswahl:
- Muß- oder Kann-Arbeitsschritte, d.h. man muß alle Muß-Aktivitäten durchführen und
- kritische Arbeitsschritte, d.h. alle kritischen Arbeitsschritte sind durchzuführen.

3.1.5.4 Material- und Kapazitätsplanung

Die Material- und Kapazitätsplanung wird in enger Verbindung mit der Ablauf- und Termin-planung über das VGM mit MS-Project und den IMG realisiert. Hierbei werden die Ressourcen aus der Projektaufbauorganisation (Projektmitarbeiter) den Aktivitäten aus dem VGM in Gruppen[107] oder einzeln zugeordnet und die Sachmittel wie Computer, Flüge, Bahnfahrten, Hotelübernachtungen usw., die zu derer Bearbeitung notwendig sind, zur Verfügung gestellt. Außerdem wird durch die Planung der Materialien und Kapazitäten gewährleistet, daß die Projektressourcen optimal aufeinander abgestimmt eingesetzt werden, um frühzeitig Kapazitätsengpässe zu erkennen und um die richtigen Gegensteuerungs-maßnahmen[108] einzuleiten. Ein Auszug aus der aktuellen Material- und Kapazitätsplanung ist im Anhang 8 zu sehen.

→ **Schwachstellen**

Die Schwierigkeiten zu Beginn des SAP-Projektes waren, daß noch keine reinen projekt-spezifischen Stellen direkt mit Mitarbeitern im Projekt besetzt waren. Das Personal, das mit Projekttätigkeiten betraut wurde, mußte aus dem Tagesgeschäft abgezogen werden, um Tätigkeiten im Rahmen des SAP-Projektes ausführen zu können. Hierbei findet zur Zeit keine Abstimmung zwischen der Projektleitung und den Fachabteilungen statt, z.B. ein Mitarbeiter wird zu 50 % von Februar bis Juni SAP-Tätigkeiten wahrnehmen müssen. Eine solche personelle Besetzung des Projektes, ist mit dem Projektmanagement in der Linie zu vergleichen und mit dessen Schwachstellen behaftet (siehe Kapitel 2.2.2.4). Zum einen kann man mit dieser Aufbauorganisationsstruktur nur kleinere Vorhaben effizient steuern, und zum anderen ist das Personal nicht immer fachlich geeignet und steht nicht konsequent während der Projektbearbeitung zur Verfügung. Eine weitere Schwachstelle der aktuellen Material- und Kapazitätsplanung ist, daß die Bedarfsermittlung für Sachmittel fehlt, welche für einen repräsentativen Plan/Ist-Vergleich notwendig ist.

---

[107] Die Gruppen beziehen sich auf die Logistikfunktionen MM, PP und SD, sowie auf die Basisbetreuung BC.
[108] Diese Maßnahmen werden im Rahmen des Kapitels 3.1.9 „Ist-Situation und Schwachstellen des Projekt-controlling" näher erläutert.

3.1.5.5 Kostenplanung

Bei der Planung der Kosten werden über die Aktivitäten aus dem VGM die Ressourcen dem jeweiligen Kostenverursacher zugeordnet. Jede Ressource wird mit einem festen Kostensatz (Standardsatz), Überstundensatz und Fixkostensatz (z.B. für Flugreisen oder Anfahrten) über die jeweiligen Aktivitäten den Arbeitspaketen und diese wiederum den Projektphasen zugeteilt. Über die Aggregation der Einzelkosten erhält man die Gesamtprojektkosten und schafft die Basis im Hinblick auf einen Plan/Ist-Vergleich, mit dem man eine ökonomische Betrachtung des Projekts während der Projektdurchführung steuern kann (hierzu siehe Kapitel 3.1.9.2). In der folgenden Abbildung sind die Kosten, die bei der Kostenschätzung ermittelt wurden, dargestellt.

Kostenübersicht:	MT (Mannta- ge)	ca. in TDM
1. Software SAP R/3		2.000
2. Hardware		1.466
3. Interner Aufwand MUSTER-WERKE	1.660	1.038
4. Externer Aufwand SAP (Aus Aufwandsschätzung)	790	1.616
5. Ausbildung	930	432
6. Nebenkosten		562
Gesamt		7.114
Wartung von 1. jährlich	12% ·	240

Tabelle 9: Kostenübersicht für Oststandort
Quelle: MUSTER-WERKE-Einsatzuntersuchung: 1996 S.98f.

Für die Schätzung des Gesamtaufwandes der **Software**-Lizenzen wurden 520 User zugrundegelegt. Die **Hardwarekosten** wurden durch einen Fragebogen von IBM zur Schätzung der Hardwareressourcen und ein darauf folgendes Angebot ermittelt. Die Kosten für den **internen Aufwand** beziehen sich auf einen von den MUSTER-WERKE festgelegten Tagessatz für die Projektmitarbeiter. Die Schätzung des externen **Berateraufwands** der SAP AG ergibt sich aus der in Kapitel 3.1.5.2 beschriebenen Aufwandsschätzung. Bei der Schätzung der Beratungsaufwendungen wird davon ausgegangen, daß für das Pilotprojekt in Phase 1, Oststandort (SD, MM, PP), ein SAP-Anteil von 50 % und ein MUSTER-WERKE/Ost-Anteil von 50% benötigt wird. Für die weiteren Installationen in der Phase 2 in Münster (SD, MM, PP) wird ein SAP-Anteil von 30% und ein MUSTER-WERKE/Ost-Anteil von 70% angesetzt. Bei der Schätzung der Schulungsaufwendungen (**Ausbildung**) geht man davon aus, daß im Regelfall die Schulungen im SAP-Schulungszentrum in Walldorf besucht werden. Bei ausreichender Anzahl von Teilnehmern können aber auch SAP Inhouse-Schulungen direkt in Münster durchgeführt werden. Für diese Schulungen ergibt sich ein

Kostensatz, der sich aus dem Honorar des K4-Beraters, der Raumnutzung, des Mittagessens und der Schulungs-unterlagen zusammensetzt. Die **Nebenkosten** ergeben sich aus den Reisekosten und den Spesen. Im Anhang 9 dieser Arbeit ist die Kostenzuordnungstabelle des Projekts Oststandort dargestellt.

→ **Schwachstellen**

Es wurden nicht alle zusätzlichen Sachmittel (PC's am Oststandort) geplant. Des weiteren stimmt die Angabe des externen/internen Verhältnisses von 50/50 nicht, die Verteilung der Kosten ist zur Zeit 30/70.

3.1.5.6 Finanzplanung

Bei der Finanzplanung wurde eine Aufstellung der Investitionsgüter für das SAP-Vorhaben für 1997 durch den Hauptabteilungsleiter EDV zugrundegelegt. Dieser Investitionsplan ist an das interne Rechnungswesen weitergeleitet worden und in die Gesamtinvestitionsplanung des Konzerns eingeflossen. Hierbei wurden die Sachmittel die zur Bearbeitung des Projektes notwendig sind aktiviert. Diese Aktivierung erfolgt auf der Kostenstelle der Abteilung EDV. Aufwendungen für Schulungen, Personal und Nebenkosten werden erst wenn sie angefallen sind, mit Rechnungseingang, auf eine separate Projektkostenstelle gebucht.

→ **Schwachstellen**

Die Aufwendungen für Schulungen, Personal und Nebenkosten wurden nicht in der Finanzplanung berücksichtigt, sie können erst, nachdem sie angefallen sind, mit dem Eingehen der Rechnungen auf eine separate Projektkostenstelle gebucht werden. Diese späte Erfassung hat zur Folge, daß in diesem kostenkritschen Bereich, entstehende Abweichungen vom Soll, nicht frühzeitig erkannt werden können, und man nicht rechtzeitig die richtigen Gegensteuerungsmaßnahmen einleiten kann.

3.1.5.7 Projektpläne

In den folgenden Ausführungen werden die im laufenden SAP R/3-Einführungsprojekt benutzten Projektpläne kurz vorgestellt. Folgende Pläne werden zur Zeit im Projekt verwendet:

- Kontenplan (aus dem unternehmensinternen Rechnungswesen),
- Projektstrukturplan (VGM; IMG),
- Aufwandsplan (MS-Project),
- Gantt-Balkenplan (MS-Project),
- Kostenplan (MS-Project),
- Terminplan (MS-Project),

- Prozeßorganisationsplan (EPK; VGM),
- Projektorganisationsplan (Projektaufbauorganisation),
- Ausbildungs- und Schulungsplan (MS-Project).

→ **Schwachstellen**

Da das VGM prozeßorientiert und der IMG funktionsorientiert aufgebaut ist entstehen Schnittstellenprobleme beim Abbilden und bei der Bearbeitung der Prozesse. Das VGM muß an manchen Stellen um einige Funktionen ergänzt werden, um den Projektbedürfnissen gerecht zu werden (siehe hierzu Kapitel 3.1.5.1). Als weitere Schwachstelle ist zu erkennen, daß MS-Project die Funktionalität der automatischen Berichtsgenerierung[109] anbietet, diese Funktionen zur Zeit aber noch nicht im Projektmanagement genutzt werden.

3.1.5.8 Zusammenfassung der Schwachstellen der Projektplanung

Die folgende Tabelle gibt eine übersichtliche Darstellung der Schwachstellen der Projektplanung:

Projektplanungsfunktion	Schwachstellen
Strukturplanung	• fehlende Funktionsbeschreibungen im VGM
Aufwandsschätzung	• Beraterhonorare für zusätzliche Einstellungen an Modulen (FI, CO) nicht berücksichtigt • Beratersätze für Nebenkosten sind höher als geschätzt
Ablauf- und Terminplanung	• keine identischen Tabellenstrukturen zwischen SAP u. MS-Project vorhanden (Downloadfunktion)
Material- und Kapazitätsplanung	• zu Projektbeginn keine Besetzung der geplanten Projektstellen mit festen Projektmitarbeitern • Abstimmungsplanung zwischen Projektleitung und Fachabteilung im Hinblick auf die Projektbesetzung ist mangelhaft
Kostenplanung	• geplante 50/50 (extern/intern) Verteilung der Aufwände stimmt nicht, sie ist zur Zeit 30/70
Finanzplanung	• Aufwendungen für Schulungen, Personal und Nebenkosten nicht berücksichtigt
Projektpläne	• VGM muß um einige Funktionen ergänzt werden, um reibungslose Planung zu gewährleisten

Tabelle 10: Zusammenfassung der Schwachstellen der Projektplanung
Quelle: Eigene Darstellung

---

[109] Die folgenden Berichtsklassen bietet MS-Project standardmäßig an: **Übersichtsberichte** (Projektübersicht, kritische Vorgänge,.....); **Vorgangsstruktur** (nichtangefangene Vorgänge, Vorgänge in Arbeit,....); **Kosten** (Vorgangskosten pro Woche, Kostenrahmen,....); **Ressourcen** (wer macht was, überlastete Ressourcen,.....); **Arbeitsauslastung** (Arbeitsauslastung nach Vorgängen oder nach Ressourcen); **Benutzerdefiniert** (Berichte können variabel und bedarfsgerecht erzeugt werden).

3.1.6 Ist-Situation und Schwachstellen in der Projektaufbauorganisation

In der folgenden Abbildung wird die bestehende Projektaufbauorganisation am Standort Oststandort dargestellt und der Tätigkeitsumfang der involvierten Gremien erläutert.

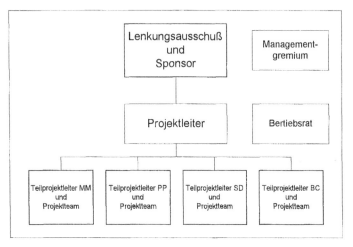

Abbildung 27: Ist-Situation der Projektaufbauorganisation
Quelle: Projektleiter MUSTER-WERKE

Der **Lenkungsausschuß**[110] besteht aus zwei kaufmännischen Mitgliedern der Geschäftsleitung (eine dieser Personen fungiert als **Sponsor**[111]) und dem Hauptabteilungsleiter der
Abteilung Organisation/EDV der MUSTER-WERKE. Die **Projektleiterstelle** ist einerseits
mit einem Mitarbeiter der MUSTER-WERKE besetzt, der Vollzeit mit den Aufgaben des
Projektes betraut ist und die volle Verantwortung im Hinblick auf die erfolgreiche Implementierung hat, und andererseits ist von der SAP AG ein Projektleiter temporär mit den Aufgaben
beauftragt worden. Das **Managementgremium** ist mit drei Mitgliedern aus den verantwortliche Bereichen vor Ort besetzt. Ihre Aufgabe ist die Prüfung und die Freigabe des Soll-
Konzept und Entscheidungen bezüglich der Änderungen der Aufbau- und Ablauforganisation
des Projekts zu treffen.

---

[110] Vgl. SAP-Beraterhandbuch: Kapitel 9 Projektmanagement: 1995 S. 6.
[111] Vgl. SAP-Beraterhandbuch: Kapitel 9 Projektmanagement: 1995 S. 8. Neben dem Projektleiter ist der Sponsor
der wichtigste Erfolgsfaktor in einem SAP-Projekt. Er sollte ein Mitglied der Geschäftsleitung sein. Unter einem
Sponsor versteht man einen Gönner und Förderer, zu dessen unternehmerischen Zielsetzungen auch die Einführung
und erfolgreiche Nutzung des SAP-Systems gehört. Er muß von den Vorteilen und den positiven Aspekten, die
durch den Einsatz zustande kommen können, überzeugt sein.

Es wird jeweils ein **Teilprojektleiter** für die Module MM, PP, SD und BC in der Projektaufbauorganisation eingesetzt. Sie sind für die erfolgreiche Umsetzung der Aktivitäten und Einstellungen ihres jeweiligen Moduls verantwortlich. Die **Projektteams** bestehen aus Mitarbeitern, die zur Realisierung der notwendigen Aufgaben für einen temporären Zeitraum, modulbezogen, zusammenarbeiten. Es ist jeweils ein Mitarbeiter aus Oststandort, ein Fachabteilungsmitarbeiter aus Münster wegen des Konzen-Know-hows und des Lerneffektes und ein Mitarbeiter aus der Abteilung EDV dem jeweiligen Projektteam zugeordnet. Der **Betriebsrat** ist mit je einem Mitglied aus Berlin und Münster besetzt und muß über Änderungen von Aufgabeninhalten an den Arbeitsplätzen, die sich durch die Einführung der SAP R/3-Software ergeben, informiert und gehört werden.

Die oben beschriebene zur Zeit bestehende Projektaufbauorganisation ist keiner in Kapitel 2.2.2 beschriebenen Projektaufbauorganisationsformen eindeutig zuzuordnen. Nimmt man die Einfluß- und die Matrix-Projektorganisation als Basis, dann kommt die Einfluß-Projektorganisation dem momentanen Zustand am nächsten. Sie unterscheidet sich im Verantwortungsbereich des Projektleiters von der Matrix-Projektorganisation. Im aktuellen Projekt hat der Projektleiter die volle Verantwortung für das Projekt.

→ **Schwachstellen**

Die Teilprojektleitung wird zur Zeit nur von Mitarbeitern der Abteilung EDV übernommen. Daraus ergeben sich Schwachstellen im Hinblick auf die fachliche Kompetenz der jeweiligen Personen. Durch den Wechsel von Mitarbeitern aus der Linie in das Projekt und umgekehrt, wird während des Projektablaufs das Projektgeschehen negativ im Hinblick auf die Qualifikation und den Wissensstand der Projektmitarbeiter beeinflußt (z.B. bereits eingearbeitete Mitarbeiter verlassen das Team und neue müssen eingearbeitet werden). Ein weiterer Schwachpunkt ist, daß bereits geschulte Mitarbeiter nicht an der Projektarbeit teilnehmen können, weil die Projektteams zu groß gewählt wurden und die Kapazitäten zur Aufgabenbearbeitung ausreichen. Weiterhin sind die Teilprojektleiter und die Projektmitarbeiter dem Projektleiter nicht direkt unterstellt, d.h. der Projektleiter hat kein Direktionsrecht und keine Weisungsbefugnis ihnen gegenüber. Außerdem stehen wichtige Mitarbeiter aus der Linie (Fachabteilung), die man für die Umsetzung der Customizingaktivitäten benötigt, nicht konsequent dem Projektteam zur Verfügung. Es geht hierbei um zwei Aspekte:

Der Teilprojektleiter sollte aus dem Fachbereich sein und über gutes Anwendungs- Know-how verfügen sowie ausreichend von seinen Linientätigkeiten freigestellt sein, um das Teilprojekt zu steuern. Ein weiterer Schwachpunkt ist, daß die bestehende Projektaufbauorganisation um eine weitere Organisationseinheit erweitert worden ist, im Gegensatz zur ursprünglichen Planung. Der Grund liegt darin, daß die Funktionalitäten Finanzwesen und

Controlling als integrativer Bestandteil des SAP-Systems bei der Einstellung der Funktionalitäten der Logistikmodule MM, PP und SD notwendig sind.

3.1.7 Ist-Situation und Schwachstellen in der Projektablauforganisation

Die Ablauforganisation des Projektes am Oststandort orientiert sich an dem von der SAP konzipierten VGM. Da es sich bei der Einführung der R/3-Software um eine Standardsoftware handelt, bei der keine umfangreichen Eigenentwicklungen vorgesehen sind, unterscheiden sich die Inhalte und Umfänge etwas von der im theoretischen Teil dieser Arbeit erläuterten Ablauforganisation. In der folgenden Grafik sind die Phasen des SAP-VGM denen des Kapitels 2.2.3 zugeordnet. Dabei erkennt man, daß sich die „**Projektierungsphase"** bei der SAP-Einführung auf die Einsatzuntersuchung[112] und Teile der Phase 1 „**Organisation und Konzeption"**[113] bezieht. Die konzeptionellen Arbeitspakete der Phase 1 beziehen sich wiederum auf die „**Projektkonzeptphase"**. Weiterhin ist die „**Projektbearbeitungsphase"** den Phasen „**Detaillierung und Realisierung"**[114] sowie „**Produktionsvorbereitung"**[115] zugeordnet. Die letzte Phase der Projektablauforganisation, die „**Projektabschlußphase"**, bezieht sich auf die Phase „**Produktivbetrieb"**[116]. Die folgende Abbildung stellt die eben genannten Bezüge zwischen den Projektphasen im Zusammenhang dar.

---

[112] Die Einsatzuntersuchung gehört nicht zu den Projektphasen aus dem VGM.

[113] In Phase 1 werden die Punkte, Organisation der Projektarbeit festgelegt, das Projektteam wird geschult und das Sollkonzept erarbeitet.

[114] In dieser Phase wird das Soll-Konzept umgesetzt, indem das System im Produktionsvorbereitungsmandant D01 gemäß den unternehmensspezifischen Anforderungen eingestellt, die einzelnen Geschäftsprozesse mit Ihren Systemeinstellungen getestet und die Integration zu den anderen Anwendungssystemen (Schnittstellen) hergestellt werden.

[115] In der Phase „Produktionsvorbereitung" wird die Planung der Produktivsetzung und Installation der erforderliche Hardware und Software für das Produktivsystem durchgeführt. In einem nächsten Schritt wird die Anwenderdokumentation erstellt, parallel müssen die Anwender geschult werden, und es ist die Systemadministration zu organisieren. In einem letzten Schritt werden die Daten und Systemeinstellungen in das Produktivsystem übernommen.

[116] In der Phase „Produktivbetrieb" betreut man die Anwender in der Anfangsphase der produktiven Nutzung des R/3-Systems, baut eine Help Desk Organisation auf, überwacht und optimiert den Systemeinsatz, nimmt ggf. Anpassungen bei der Dokumentation und den Systemeinstellungen vor und schließt das Projekt offiziell ab.

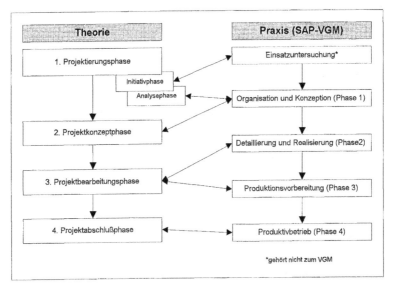

Abbildung 28: Theorie und Praxis der Phasen bei der Projektablauforganisation
Quelle: Eigene Darstellung

→ **Schwachstellen**

Bei der Auswahl der im Oststandort einzusetzenden Funktionen wurde das von der SAP zur Verfügung gestellte Referenzmodell nicht genutzt, um den Projektmitarbeitern die Geschäftsprozesse zu visualisieren, obwohl das Referenzmodell ein sehr gutes Instrumentarium hierfür zur Verfügung stellt. Weiterhin wurde es in der **Organisations- und Konzeptionsphase** versäumt, die Projektstandards und die Projektarbeitsweise zu fixieren, und es ist für die Dokumentation der Systemeinstellungen, der Projektaktivitäten und der betrieblichen Aufbau- und Ablauforganisation keine Mappenstruktur[117] festgelegt worden. Des weiteren wurde beim Projektstart für das Projekt am Oststandort kein Kick-off-Meeting[118] mit allen direkt und indirekt am Projekt teilnehmenden Personen durchgeführt. Im Hinblick auf die Stärkung des Teamgedankens, der Motivation und einer klaren Zielsetzung ist es wichtig, eine solche Veranstaltung zu Beginn des Projektes in Münster durchzuführen. Außerdem wurden zu viele Schulungen zu spät (d.h. das Projekt war schon sehr weit

---

[117] Der Begriff Mappenstruktur steht synonym für einen Ablageordner in der realen Büroumgebung. In einer Mappe können neue Dokumente angelegt oder schon erstellte abgelegt werden. Auf diese Dokumente sind verschiedene Operationen, z.B. Anzeigen oder Ändern, anwendbar.
[118] Das Kick-off-Meeting ist eine Veranstaltung in der allen direkt und indirekt beteiligten Mitarbeitern und Führungskräften der Start des Einführungsprojektes mit allen Rahmenbedingungen verkündet wird. Es dient weiterhin der Motivation aller Projektbeteiligten, damit sie mit der Projektarbeit motiviert beginnen.

fortgeschritten) in Walldorf bei SAP belegt (mit Inhalten die zu 30% oder mehr nicht relevant waren).

In der **Detaillierungs- und Realisierungsphase** existiert für das System am Oststandort keine detaillierte Beschreibung der Systemschnittstellen zur DCW-Buchhaltung und der Zuordnung der Felder für die Datenübernahme. Ein weiterer Schwachpunkt in dieser Phase des VGM ist, daß die Nutzung des Berichtswesens für die Auswertungen der Daten nicht bearbeitet wurde, und die Formulare (Rechnungen, Materialentnahmescheine, usw.) nicht rechtzeitig und nicht genügend getestet den Erfordernissen am Oststandort angepaßt wurden. Weiterhin steht kein System zur optischen Archivierung von Dokumenten über die SAP-Standard-Schnittstelle „ArchiveLink"[119] zur Verfügung. D.h., daß die Sicherung der betriebswirtschaftlichen Daten der MUSTER-WERKE auf der Hardwareplattform IBM AS/400 noch nicht durchgeführt werden können. Im letzten Arbeitspaket dieser Phase, das nach der Bearbeitung aller Aktivitäten durchzuführen ist, um die erforderliche Qualität der Systemeinstellungen zu gewährleisten, wurde kein Konzept für einen detaillierten Abschlußtest, inklusive der Dokumentation der Einstellungen, erarbeitet. Des weiteren wurde keine Optimierung der bestehenden Ablauforganisation vorgenommen. Weiterhin wurde nicht ausreichend Zeit für die Testphase der Funktionen (Testkonzept) zu Verfügung gestellt.

In der **Produktionsvorbereitungsphase** ist noch keine einheitliche und saubere Struktur für eine Anwenderdokumentation entwickelt worden. Die Anwenderdokumentation soll beschreiben, wie die SAP-Funktionalitäten in den Fachabteilungen zur Bewältigung der Aufgabenstellungen genutzt werden. Ein weiterer Schwachpunkt ist, daß noch kein Konzept zur Schulung der Anwender erarbeitet worden ist, um später einen reibungslosen Produktivbetrieb zu gewährleisten. Dieser Punkt ist für Oststandort nicht so entscheidend, da hier nur 15 User am System arbeiten müssen. Entscheidend ist es für die Einführung am Standort Münster, da der Umfang der am System arbeitenden Mitarbeitern hier erheblich höher ist.

Auf die Schwachstellen der **Produktivbetriebsphase** der Projektablauforganisation kann an dieser Stelle nicht eingegangen werden, da zum Zeitpunkt der Erstellung dieser Arbeit die Produktivsetzung des Systems am Oststandort noch nicht erfolgt war.

---

[119] Vgl. Wenzel, P.: 1996 S.700f. ArchiveLink ist ein Bestandteil des SAP-Systems R/3 und stellt eine Schnittstelle zwischen R/3 und optischen Archivsystemen dar. Der Begriff Archivsystem umfaßt den Archivserver, das Scan-System und das optische Speichermedium, in diesem Fall die AS/400. Archiviert werden Geschäftsdaten, wie z.B. Rechnungen, Aufträge oder sonstige Belege, sie müssen nach Gesetz eine bestimmte Zeit aufbewahrt werden. Dies ist im Handelsgesetzbuch (HGB) und in der Abgabenordnung (AO) so geregelt.

3.1.8 Zusammenfassung der Schwachstellen der Projektaufbau- und -ablauforganisation

Die folgende Tabelle gibt eine übersichtliche Darstellung der Schwachstellen Projektaufbau- und -ablaufoganisation:

Übersicht der Schwachstellen der Projektaufbauorganisation
• zu geringe Beteiligung der Teilprojektleitung am Projektgeschehen da nur durch EDV-Mitarbeiter besetzt • Mitarbeiterwechsel während des Projektablaufs • nicht alle geschulten Mitarbeiter können nicht an den Projektaktivitäten teilnehmen • keine direkte Unterstellung der Teilprojektleiter und der Projektmitarbeiter zum Projektleiter • Mitarbeiter aus der Fachabteilung stehen nicht konsequent für die Projektarbeit zur Verfügung, dadurch kein effizienter Beratereinsatz • in der Projektaufbauplanung wurde die Organisationseinheit „FI/Co" nicht berücksichtigt
Übersicht der Schwachstellen der Projektablauforganisation
• keine Verwendung des Referenzmodells zur Visualisierung der Prozesse des VGM • Projektstandards für die Arbeitsweise im Projekt wurden nicht festgelegt • beim Projektstart wurde kein Kick-off-Meeting veranstaltet • eine Beschreibung der Schnittstellen zu anderen Anwendungssystemen wurde nicht erstellt • die Nutzung der Berichtsfunktionalitäten des R/3-Systems wurde nicht erarbeitet • keine optische Archivverwaltung unter der AS/400 vorhanden • Konzept für Anwenderschulungen fehlt • keine saubere Struktur für Anwenderdokumentationen entwickelt • es fehlt ein Konzept für die Qualitätssicherung am Ende der Projektphasen

Tabelle 11: Zusammenfassung der Schwachstellen der Projektablauf- und -aufbauorganisation
Quelle: Eigene Darstellung

3.1.9 Ist-Situation und Schwachstellen im Projektcontrolling

Zunächst werden die aktuellen Maßnahmen im Bereich des Projektcontrollings beschrieben, und anschließend wird auf die Schwachstellen der einzelnen Bereiche eingegangen.

3.1.9.1 Terminkontrolle

Die Terminkontrolle wird nach der von SAP vorgegebenen Struktur aus dem VGM durchgeführt, bereits im Kapitel Ablauf- und Terminplanung wurde dies erläutert. Die Grobplanung erfolgt über das VGM in MS-Project und die Feinplanung der Termine über den IMG im SAP-System. Die Arbeitspakete aus dem VGM werden über den IMG den jeweiligen Ressourcen (bezogen auf die Funktionen MM, PP, SD und BC) zugeordnet und überwacht. Die Rückmeldungen der Termine werden momentan nur teilweise und erst nach Aufforderung des Projektleiters über den Projekt-IMG realisiert.

→ **Schwachstellen**

Einen Trendanalyse wird zur Zeit im Projektmanagement noch nicht realisiert. Als weitere Schwachstelle ist zu erkennen, daß kein System für ein durchgängiges Rückmeldewesen der Termine existiert. Der Projektleiter steht in einer Holschuld bezüglich der Rückmeldung der Termine, d.h. er hat dafür zu sorgen, daß die Projektmitarbeiter die aktuelle Terminsituation an ihn weiterleiten.

3.1.9.2 Aufwands- und Kostenkontrolle

Die Aufwands- und Kostenkontrolle wird über eine für das Projekt separat angelegte Kostenstelle vorgenommen. Die Erfassung erfolgt in definierten Buchhaltungskonten und ist deshalb nicht sofort vergleichbar mit den Elementen der Aufwandsschätzung. In den folgenden Tabellen wird ein Plan-/Ist-Vergleich dieser Positionen aufgezeigt. Die dargestellten Kosten aus, der Aufwandsschätzung, die in der folgenden Tabelle dargestellt sind, werden in aktualisierter Form beschrieben. Aus diesem Grund unterscheiden sich die Werte von denen der Einsatzuntersuchung; die zu Beginn des Projektes durchgeführt wurde. Die Kosten ergeben sich aus der Auswertung der Projektkostenstelle des SAP-Projektes. Es ist darauf zu achten, daß in den externen Aufwendungen die Nebenkosten enthalten sind. Des weiteren werden nicht alle internen Kosten auf die für das Projekt eingerichtete Projektkostenstelle gebucht, sondern gehen auf die Kostenstellen der jeweiligen Fachabteilungen.

Kostenelement	Plankosten Ge-samteinführung SAP in DM	Teil-Istkosten Einführung Oststandort in DM
1. Software SAP R/3	2.000.000	450.000
2. Hardware AS/400	1.500.000	500.000
3. Interner Aufwand MUSTER-WERKE	5.800.000	172.900
4. Externer Aufwand SAP (Aus Aufwandsschätzung)	1.616.000	177.840
5. Ausbildung	975.000	55.400
6. Nebenkosten	432.000	123.820
Gesamt	12.323.000	1.479.960

Tabelle 12: Ist-Darstellung der Kosten für das Projekt Oststandort bezogen auf die Gesamtprojektkosten
Quelle: Projektleiter MUSTER-WERKE

In der nächsten Tabelle sind die geplanten und bis zum 06. Juni 1997 realisierten externen Aufwände für die Projektphasen 1 und 2 dargestellt.

Funktion / Anwendung	Aufwand in MT (extern) geplant für Oststandort	Aufwand in MT (extern) genutzt für Oststandort	Kosten bisher in DM
Projektleitung	20	9	19.340
Basis (BC)	20	6	12.900
Materialwirtschaft (MM)	35	18	32.760
Produktionsplanung (PP)	35	25	45.500
Vertrieb (SD)	55	25	45.500
Finanzen/Kostenrechnung (FI/CO)		12	21.840
Summe	165	95	177.840

Tabelle 13: Plan-/Ist-Vergleich der Aufwände (extern) für das Projekt Oststandort
Quelle: Projektleiter MUSTER-WERKE

Im Anhang 9 ist der Implementierungsaufwand sowohl nach Projektphasen als auch nach Modulen über Excel dargestellt. In dieser Darstellungsweise hat man die Möglichkeit, frühzeitig und mit den richtigen Maßnahmen auf Kostenüberschreitungen bzw. Kostenunter-schreitungen zu reagieren.

Weiterhin wird die Kontrolle der Aufwände und der Kosten über MS-Project in einer Kostenzuordungstabelle visualisiert. Diese Tabelle ist im Anhang 10 dargestellt. Als ein weiteres Kontrollelement dient MS-Project, indem die Kosten bezogen auf die Ressourcen den einzelnen Aktivitäten aus den VGM und dem IMG zugeordnet werden. Diese Tabelle ist im Anhang 11 auszugsweise dargestellt.

→ **Schwachstellen**

Die Erfassung des Personalaufwands wird in der Regel nur vor den anstehenden Lenkungs-ausschußsitzungen durchgeführt. Diese Intervale sind für eine aussagefähige Aufwands-erfassung der aktuellen und zukünftigen Aufwandssituation des Projektes nicht ausreichend gewählt. Des weiteren wird keine grafische Darstellung der Plan- und Ist-Situation des Personalaufwands verwendet, um eine bessere Visualisierung, z.B. bei Präsentationen in Sitzungen, zu erzielen.

Des weiteren wird die sehr zeitintensive Projektkostenerfassung vom Projektleiter durchge-führt, weil die Stelle eines Projektassistenten, der diese Aufgaben übernehmen sollte, zur Zeit noch nicht besetzt ist.

Ein weiterer Schwachpunkt ist, daß die Weiterverrechnung der Kosten (z.B. die Gehälter der Projektmitarbeiter aus der Linie) nicht der Projektkostenstelle zugeordnet werden, und die Grundlage für eine gründliche und korrekte Kostenkontrolle fehlt, die eine Basis für strategische Maßnahmen im Rahmen der Projektfinanzplanung darstellt. Des weiteren ist im

Rahmen der Kostenkontrolle ebenfalls keine grafische Darstellung der Plan-/Ist-Situation vorhanden, und diesbezüglich wurde für die strategische Überwachung der Kosten noch keine Trendanalyse durchgeführt. Weiterhin wurden Sachmittel (PCs) auf das Projektbudget gebucht, obwohl diese nicht zur Bearbeitung von Projektaktivitäten genutzt werden.

Es ist anzumerken, daß bei dem Ergebnis des Plan-/Ist-Vergleichs der Aufwände die von der SAP vorgegebenen Richtwerte für die Aufwendungen pro Projektphase[120] nicht annähernd erreicht wurden. Wenn man das Ergebnis nach den ersten beiden Phasen mit 95 MT ins Verhältnis zu 165 MT setzt, entspricht dies einem Wert von ca. 57% des Gesamtaufwandes. Laut SAP müßten aber nach Abschluß der 2.Phase bereits 75% des Gesamtaufwandes verbraucht worden sein. Man sollte sich jedoch an den Richtwerten der SAP orientieren und die zur Verfügung gestellten Geldmittel in den jeweils angegebenen Projektphasen des VGM einsetzen. Durch diese Maßnahme wird gewährleistet, daß die Umsetzungen der einzelnen Aktivitäten zu den richtigen Zeitpunkten (Phasen) durchgeführt werden, und in späteren Projektphasen keine personellen Engpässe entstehen.

3.1.9.3 Sachfortschrittskontrolle

Zur Kontrolle des Sachfortschritts der Realisierungsergebnisse wird das VGM und der Projekt-IMG verwendet. Hierbei wird der Fertigstellungsgrad einzelner Phasenergebnisse oder Arbeitspakte nach den theoretischen Methoden der prozeßbezogenen und der des absoluten Fertigstellungsgrad im VGM durchgeführt. Bei der prozeßbezogenen Methode werden die Realisierungsergebnisse der einzelnen Projektphasen kontrolliert, und bei der Methode des absoluten Fertigstellungsgrads werden die Realisierungsergebnisse der einzelnen Arbeitspakete über Checklisten (siehe Anhang 12) geprüft. Hierzu werden den Projektmitarbeitern die Checklisten zugesendet und anschließend bearbeitet an den Projektleiter zurückgegeben. Der Projekt-IMG dient im Rahmen der Sachfortschrittskontrolle zur Überprüfung des Prozesses der Customizing-Einstellungen.

Um die verschiedenen Stati der einzelnen Aktivitäten zu klassifizieren und auszuwerten sind im VGM Standards für die Festlegung der Stati der jeweiligen Aktivitäten aus dem Projekt-IMG und dem VGM dargestellt, mit denen man nach den folgenden **Stautsausprägungen** den Sachfortschritt (Rückmeldungen) des Projektes visualisieren kann[121]:

- **01 = Aktivität in Arbeit**; d.h. die Aktivität ist begonnen worden. Gleichzeitig wird mit diesem Status auch der Ist-Start-Termin gepflegt.

---

[120] Phase 1: 35%; Phase 2: 40%; Phase 3: 20%; Phase 4: 5%.
[121] Vgl. SAP R/3-System 3.0. F der MUSTER-WERKE: Aus dem aktuellen Projekt-IMG Oststandort.

- **02 = Aktivität abgeschlossen**; d.h. die Aktivität ist aus Sicht des Bearbeiters abgeschlossen. Voraussetzung für diesen Status ist, daß die Ergebnisse der Aktivität entsprechend der Projektstandards dokumentiert worden sind. Gleichzeitig wird mit diesem Status auch der Ist-Ende-Termin gepflegt.

- **03 = Qualitätssicherung erfolgt**; d.h. die Ergebnisse dieser Aktivität sind von der Qualitätssicherung überprüft worden. Diese Überprüfung sollte insbesondere für kritische (siehe IMG-Attribut[122]) IMG-Aktivitäten erfolgen. Gleichzeitig wird der Ist-Ende-Termin aktualisiert.

- **04 = für Review vorgesehen**; d.h. die Qualitätssicherung hat offene Punkte ergeben. Diese werden in der Notiz zu der Aktivität dokumentiert. Gleichzeitig wird der Ist-Ende-Termin zurückgenommen.

- **05 = Aktivität nicht relevant**; d.h. die Aktivität ist zwar im Projekt-IMG vorhanden, aber aus Sicht des Projekts nicht zu bearbeiten. Die Gründe werden in der Notiz zu dieser Aktivität dokumentiert; Ist-Start- und Ist-Ende-Termin werden gesetzt.

- **06 = Systemeinstellung produktiv**; d.h. die Systemeinstellung ist in das Produktions-vorbereitungs- bzw. Produktivsystem fehlerfrei transportiert worden. Gleichzeitig wird der Ist-Ende-Termin aktualisiert.

Um die Verbindung zwischen den einzelnen Projekt- und IMG-Aktivitäten und den Projekt-mitarbeitern herzustellen, trägt jeder Projektmitarbeiter, der eine Aktivität bearbeitet, seinen Namen in das Ressourcenfeld der Aktivität ein (siehe Anhang 13).

→ **Schwachstellen**

Eine Lenkung mit Bezug auf den Projektfortschritt wird zur Zeit nicht vollständig angewendet, da der Pflegeaufwand im Projekt-IMG sehr hoch ist (5095 Einzelaktivitäten). Des weiteren hat die R/3-Software keine Funktionalität, die eine automatische Berechnung der Plan-, Ist- und Restaufwände unterstützt, sowie eine automatische Konsolidierung auf einer höheren Projektebene durchführt. Im Anhang 14 ist ein Ausschnitt aus dem aktuellen Projekt-IMG mit den Plan-, Ist- und Restaufwänden dargestellt. Eine weitere Schwachstelle ist, daß noch keine Grundlage für eine Berechnung des Arbeitswertes vorliegt, um eine Aussage über das Erreichen von bestimmten Meilensteine (z.B. Phasenabschlüsse) zu machen.

---

[122] Die Attribute im IMG können in Kann-, Kritische- und Mußaktivitäten untergliedert werden. In diesem Zusammenhang sind die kritischen Aktivitäten zu überprüfen, da das kritische Kennzeichen obligatorisch Ressourcentypen zugeordnet ist, zu denen in einem gewünschten Zeitraum nicht genügend Ressourcen verfügbar sind.

3.1.9.4 Qualitätssicherung

Die Einhaltung der erforderlichen Qualität bei der Leistungserstellung im Projektteam wird anhand zweier Checklisten sichergestellt. Dabei werden nach jeder Phase die Realisierungsergebnisse der Arbeitspakete überprüft. Die Checklisten, die für die Qualitätsüberprüfung verwendet werden, sind einerseits nach den Strukturen des VGM´s aufgebaut, und andererseits nach den Funktionalitäten der geplanten Module (siehe Anhang 15+16). Der Grund für diese unterschiedlichen Sichtweisen ist, daß sowohl der Projektfortschritt als auch der Projektinhalt qualitativ überwacht werden muß.

Des weiteren hat man zur Sicherung der Ausführungsqualität in der Projektplanung und Projektsteuerung Projektstandards festgelegt. Dabei werden die von der SAP vorgegebenen und im VGM beschriebenen Normen verwendet. Bei der Qualitätssicherung wird über das Standardattribut „03 = Qualitätssicherung" die Überprüfung der Qualitätseinhaltung in Bezug auf die Leistungserstellung durchgeführt, insbesondere für kritische IMG-Aktivitäten. Hierzu wird über den Projekt-IMG eine Sicht generiert, in der über einen Filter alle kritischen Aktivitäten aufgelistet werden. Im Anhang 17 dieser Arbeit ist eine Sicht der kritischen Aktivitäten dargestellt.

→ **Schwachstellen**

Im Hinblick auf die Qualitätssicherung des Projektes am Oststandort, gibt es momentan noch keine Aktivitäten. Des weiteren werden die Stati im Projekt-IMG nicht immer korrekt und komplett von den Projektmitarbeitern gepflegt.

Die im VGM enthaltenen Arbeitspakete zur Unterstützung der Kontrolle der Realisierungsergebnisse für jeden Phasenabschnitt (Qualitätsprüfung: Sollkonzept, Anwendungssystem und Produktivsystem) werden zur Zeit noch nicht von der SAP beschrieben. Des weiteren ist die Festlegung der Projektstandards und die Projektarbeitsweise für die Projektplanung und Projektsteuerung zur Zeit noch nicht durchgeführt worden.

3.1.9.5 Projektdokumentation

Die Arbeitsergebnisse, die bei der Systemeinstellung (Customizing) festzuhalten sind, werden von den Projektmitarbeitern im Projekt-IMG im System vorgenommen (siehe Anhang 18).

Die verwendeten Projektordner (Projektakten) sind nach den Phasen aus dem VGM aufgebaut. In den Ordnern existiert eine Mappenstruktur, die nach den Funktionen aus dem Projekt-IMG (MM, PP, SD, BC) geordnet ist. Die weitere Untergliederung des Projektordners des VGM wird nach den Arbeitspaketen der jeweiligen Phase strukturiert.

→ **Schwachstellen**

Bei der Projektdokumentation können die von SAP zur Verfügung gestellten Notiztypen (siehe Anhang 19) nicht verwendet werden. Um ein Ordnungsschema in der Projektdokumentation zu erhalten, sind diese Hilfsmittel aber notwendig. Das Problem liegt im Bereich der Software von SAP. Hierbei gibt es einen Kommunikationsfehler („Win 16 error code2").

Als weitere Schwachstelle ist festzuhalten, daß kein Projekttagebuch gepflegt worden ist, um Ereignisse die mündlich abgesprochen werden, festzuhalten, oder um spontane Einfälle in Bezug auf das Projektgeschehen zu dokumentieren. Weiterhin fehlt eine Beschreibung der Systemschnittstellen, und es ist keine einheitliche und saubere Struktur für eine Anwenderdokumentation entwickelt worden. Zusätzlich fehlt ein Konzept für einen Abschlußtest in Bezug auf die Projektdokumentation.

3.1.9.6 Projektberichterstattung

Die Erstellung der Berichte wird mit MS-Office (Winword, Excel, Power-Point) durchgeführt und über SAP-Office versendet. Die Verteilung erfolgt einerseits über die Funktionalitäten des PC-Netzwerks unter Windows NT und andererseits über das SAP-System mit dem von SAP zur Verfügung gestellten Office-Modul. Zur Zeit werden die folgenden Berichte vom Projektmanagement verwendet:

- MUSTER-WERKE-Standardberichte
  - Statusberichte
  - Protokolle
  - Telefaxe
  - interne Mitteilungen
  - Transport/Änderungen
- Checklisten
  - Funktionen
  - Qualitätsprüfungen für Arbeitspakete Produktivsystem
- MS-Project Spreadsheet
  - Termine
  - Ressourcen
  - Aktivitäten
- MS-Excel Spreadsheet
  - Aufwandsdarstellung
  - Kostendarstellung
- SAP-Standardberichte

- Formulartyp „Liste für offene Punkte"

- Formulartyp „Schnittstellenbeschreibung"

- Formulartyp „Beschreibung der Feldverwendung"

→ **Schwachstellen**

Eine Schwachstelle bei der Projektberichterstattung ist, daß keine gemeinsame Datenbasis und kein gemeinsames Ordnungsschema für die Ablage der Projektunterlagen existiert, indem jeder Projektmitarbeiter einen schnellen Überblick über die abgelegten und archivierten Projektdaten erhält, und sich mit den Daten anderer Projektmitarbeiter, wenn notwendig, schnell vertraut machen kann. Des weiteren werden die in MS-Project standardisierten Berichtsfunktionalitäten nicht genutzt.

3.1.9.7 Zusammenfassung der Schwachstellen beim Projektcontrolling

Die folgende Tabelle gibt eine übersichtliche Darstellung der Schwachstellen des Projektcontrollings des SAP R/3- Einführungsprojekts am Oststandort:

Projektcontrollingfunktion	Schwachstellen
Terminkontrolle	• keine Verwendung von Trendanalysen • kein System für Rückmeldungen von Terminen vorhanden
Aufwands- und Kostenkontrolle	• zu kurze Intervalle bei der Aufwandserfassung • keine grafische Darstellung des Plan-/Ist-Personalaufwands • Stelle für Projektassistent ist nicht besetzt • keine vollständige Weiterverrechnung der Projektkosten auf die Projektkostenstelle • keine grafische Darstellung des Plan-/Ist-Kostenaufwands • keine Trendanalysen für Projektkosten vorhanden
Sachfortschrittskontrolle	• hoher Pflegeaufwand im IMG (ca. 5095 Einzelaktivitäten) • keine automatische Konsolidierung der eingepflegten Plan-, Ist- und Restzeiten • noch keine Berechnungsgrundlage bezüglich des Arbeitswertes vorhanden
Qualitätssicherung	• keine strategische Qualitätsplanung und -lenkung • durch hohen Pflegeaufwand im IMG keine komplette Eintragung der Stati • keine Unterstützung bei der Qualitätsprüfung im VGM • Projektstandards und die Projektarbeitsweise wurde nicht festgelegt
Projektdokumentation	• Zugriff auf Notiztypen zu strukturierten Dokumentation nicht möglich • durch hohen Pflegeaufwand im IMG keine komplette Eintragung der Stati • Lücken im VGM bezogen auf die Kontrolle der Realisierungsergebnisse • eine Beschreibung der Systemschnittstellen fehlt • keine einheitliche und saubere Struktur für Anwenderdokumentation entwickelt • kein Konzept für Abschlußtest und deren Dokumentation vorhanden
Projektberichterstattung	• fehlende gemeinsame Datenbasis für die Ablage der Projektunterlagen • Standardisierte Bericht aus MS-Project werden nicht genutzt

Tabelle 14: Zusammenfassung der Schwachstellen beim Projektcontrolling
Quelle: Eigene Darstellung

3.2 Entwurf einer Sollkonzeption im Projektmanagementsystem

In diesem Kapitel wird auf Basis der theoretischen Grundlagen aus Kapitel 2 und unter Berücksichtigung der aufgezeigten Schwachstellen am Standort Ost eine Sollkonzeption für das Projektmanagement für die R/3-Einführung am Standort Münster entwickelt. Das Ziel dieser Maßnahmen ist es, der Projektleitung ein effektives Werkzeug für eine effiziente R/3-Implementierung zur Verfügung zu stellen.

3.2.1 Sollkonzeption der Projektplanung

Zunächst werden Vorschläge zur Beseitigung der Schwachstellen in der Projektplanung dargestellt, und in einem weiteren Schritt werden Möglichkeiten aufgezeigt, mit denen man die Planung der verschiedenen Projektparameter (Kosten, Termine und Qualität) durchführen kann.

3.2.1.1 Strukturplanung

Für die Strukturplanung bietet sich auch für das Projekt in Münster das VGM an. Um eine detaillierte Strukturplanung in den Arbeitspaketen „Funktionen/Prozesse festlegen" (Phase 1) und „Funktionen/Prozesse abbilden" (Phase 2) zu ermöglichen, sollten diese Arbeitspakete nach den Funktionen der Teilprojekte untergliedert werden.

- Phase 1 um das Arbeitspaket **„Funktionen/Prozesse festlegen"** zu erweitern, um die Funktionen MM, PP, SD und FI/CO zu integrieren, und in der

- Phase 2 um das Arbeitspaket **„Funktionen/Prozesse abbilden"** um ebenfalls die Funktionen MM, PP, SD und FI/CO zu integrieren. Weiterhin sollte in der Phase 2 das Arbeitspaket **„Berichtswesen abbilden"** um die Aktivität des Formularwesens bezogen auf die Module MM, PP, SD und FI/CO erweitert werden. In diesem Punkt soll beschrieben werden, wie die internen und externen Formulare (z.B. Transportaufträge, Stücklisten, Materialentnahmescheine usw.) im R/3-System mittels ABAP/4-Programmierung den Anforderungen der MUSTER-WERKE angepaßt werden können.

3.2.1.2 Aufwandsschätzung

Um eine detaillierte Aufwandsschätzung für das Projekt in Münster zu erhalten und dadurch eine bessere Verfolgung der Kostenentwicklung vornehmen zu können, sollte man die Durchführung eines Plan-/Ist-Vergleichs, zu jeder einzelnen Projektphase des Projektes durchführen (siehe Qualitätsprüfung im VGM). Aufgrund der im Projekt Oststandort gesammelten Erfahrungen sollte vor Beginn des Projektes eine detaillierte Aufwandsschätzung für die Einführung in Münster erfolgen. Hierzu müßten zuerst die Module MM, PP,

SD, FI und CO geschätzt werden und dann werden die Aufwände aggregiert auf die Projekt-phasen verteilt. In einer repräsentativen Befragung[123] des Instituts für Wirtschaftsinformatik der Universität Bern bei 100 Schweizer Unternehmen wurde festgestellt, daß die Verteilung des Projektbudgets über die Projektphasen nicht mit den von der SAP empfohlenen Leitwerten übereinstimmen. Die Werte unterscheiden sich von den SAP-Werten und von den Werten aus Oststandort (allerdings nur auf die Kosten der SAP-Berater bezo-gen) wie in der folgenden Tabelle dargestellt:

	SAP[124]	Befragung	Oststandort
Phase 1 (Organisation und Konzeption)	35%	ca. 15%	konsolidiert extern
Phase 2 (Detaillierung und Realisierung)	40%	ca. 42%	57%
Phase 3 (Produktionsvorbereitung)	20%	ca. 28%	noch keine Werte vorhanden
Phase 4 (Produktivbetrieb)	5%	ca. 15%	noch keine Werte vorhanden

Tabelle 15: Vergleich des Projektaufwands
Quelle: Knolmayer, G. u. Zimmerli, C.: 1997 S.42.

In Tabelle 15 sind die Oststandorter Aufwände nur auf die Leistungen der SAP-Berater be-zogen dargestellt, da in der Aufwandsschätzung keine Aufwände für interne Leistungen, die durch die MUSTER-WERKE-Mitarbeiter erbracht werden müssen, explizit für Oststandort prognostiziert wurden.

Die Abweichung des Wertes von 57% zu 75% in den ersten beiden Projektphasen läßt den Schluß zu, daß nicht alle konzeptionellen Rahmenbedingungen, die in den ersten beiden Phasen einzuhalten sind, auch eingehalten wurden. Somit würde in späteren Projektphasen ein erheblicher Mehraufwand an Koordinations- und Leistungsumsetzung nötig werden.

Außerdem sollte man zusätzliche Aufwendungen für die Einstellungen an dem Modul FI/CO berücksichtigen, da sich im Pilotprojekt Oststandort bereits gezeigt hat, daß in diesem Zusammenhang sehr viele Customizing-Einstellungen notwendig sind, um die Module MM, PP und SD vollständig in das System zu integrieren.

Des weiteren müssen die Nebenkostenpauschalen der SAP-Berater bei der Aufwands-schätzung entsprechend der in Kapitel 3.1.5.2 aufgezeigten Ist-Kosten höher angesetzt werden.

---

[123] Vgl. Knolmayer, G. u. Zimmerli, C.: 1997.
[124] Vgl. SAP-Beraterhandbuch: Kapitel 10 Projektkalkulation: 1995 S. 16. Diese Zahlen sind von der SAP AG festgelegt worden und stellen lediglich einen Leitwert dar.

3.2.1.3 Ablauf- und Terminplanung

Die Ablauf- und Terminplanung sollte für das SAP-Projekt in Münster aufgrund der am Oststandort gemachten Erfahrungen ebenfalls über das VGM erfolgen. Dabei hat sich MS-Project als nützliches Werkzeug gezeigt. Die Grobplanung der Termine sollte dabei im VGM erfolgen und die Feinplanung durch eine Sichtengenerierung im IMG mit einer festen Zuordnung von Ressourcen und Terminen.

Des weiteren wäre eine gemeinsame Darstellungsform des VGM's und IMG's von Vorteil, damit bezogen auf die Planung der Einzelaktivitäten ein besserer Überblick über die Customizingtransaktionen gewährleistet wird, und die Planung im Hinblick auf die Einzelaktivitäten des Projekts reibungslos verläuft. Die Aufgaben könnten über die Sichtengenerierung des SAP-Systems im Projekt-IMG konkret den Projektmitarbeiter zugewiesen werden. Man sollte darauf achten, daß nicht mehrere Personen aus mehreren Modulen, sondern möglichst nur eine oder maximal zwei Personen den jeweiligen Aufgaben der einzelnen Module zugeordnet werden, damit sich eine klare Verantwortlichkeit ergibt.

3.2.1.4 Material- und Kapazitätsplanung

Die Material- und Kapazitätsplanung sollte auf der am Oststandort geschaffenen Grundlage aufbauen. Allerdings müßte zu Beginn des Projektes in Münster die Projektleiterstelle und die Stelle des Systemadministrators sowie der Anwendungsberater sofort mit je einer Vollzeitkraft besetzt werden. In der nächsten Projektphase sind dann die gesamten Projektstellen mit Vollzeit-Projektmitarbeitern zu besetzen und dem Projektleiter zu unterstellen (siehe Kapitel 3.2.2), um die Verfügbarkeit der Projektmitarbeiter für die Projektarbeit zu erhöhen. Um die benötigten Mitarbeiter aus den Fachabteilungen für Projektaufgaben zu rekrutieren, muß die Abstimmung zwischen Projektleitung und Fachabteilung verbessert werden. Hierbei sollte die Projektleitung die in Kapitel 2.2.4.1 erläuterte Meilenstein-Trendanalyse nutzen, um frühzeitig den Bedarf an benötigten Personalkapazitäten einschätzen zu können. Als weiteres Hilfsmittel könnte das Ergebnis aus einer repräsentativen Befragung (100 mittelständischen Unternehmen) des Instituts für Wirtschaftsinformatik der Universität Bern dienen. Diese ergab die in der folgenden Abbildung zu sehende Verteilung der Mitarbeiter im SAP-Projekt:

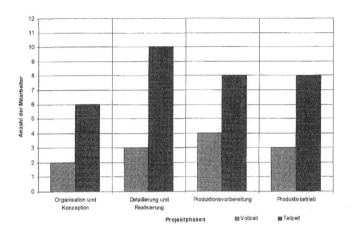

Abbildung 29: Mitarbeiterzahl im SAP R/3-Projekt
Quelle: Knolmayer, G. u. Zimmerli, C.: 1997 S.43.

Anhand der dargestellten Werte kann man eine Bedarfsprognose der benötigten Projektmitarbeiter für zukünftige Projektarbeit für die SAP-Einführung in Münster erstellen.
Weiterhin ist es notwendig für die Steuerung und Überwachung der Sachmittel (z.B. Hardware) und Kapazitäten eine Basis zu schaffen, hierzu müssen die Sachmittel, die bisher noch
nicht in der Bedarfsermittlung des Projektes berücksichtigt wurden, geplant werden; dazu
wird ein Plan-/Ist-Vergleich durchgeführt. Wie eine Steuerung und Überwachung der
Materialien und Kapazitäten zu realisieren wäre, wird in Kapitel 3.2.4 näher erläutert.

3.2.1.5 Kostenplanung

Generell kann die Kostenplanung in gleicher Weise wie am Oststandort aufgebaut sein. Wie
bereits in Kapitel 3.1.5.5 erläutert wurde, ist die Kostenverteilung für die R/3-
Implementierung in Münster in einem Verhältnis von 30/70, d.h. 30% Beratereinsatz von
SAP-Beratern und 70% Einsatz von unternehmensinternen Mitarbeitern geplant worden.
Dieser Wert erscheint realistisch, da sich am Oststandort gezeigt hat, daß das zuvor geplante
Verhältnis von 50/50 nicht eingehalten werden konnte und eigene Mitarbeiter 70% der
Projektarbeit durchführen. Allerdings sollte man zusätzliche Aufwendungen, die bereits in
Kapitel 3.2.1.2 vorgestellt wurden, für die Einstellungen an dem Modul FI/CO berück-
sichtigen, da hierbei sehr viele Einstellungen notwendig sind. Zur Untermauerung der eben

vorgeschlagenen Methodik wird ein Vergleich des Institut für Wirtschaftsinformatik der Universität Bern mit den Werten der Aufwandsschätzung der MUSTER-WERKE gegenübergestellt.

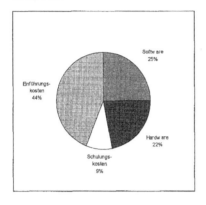
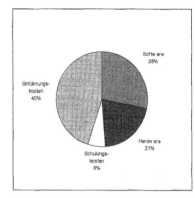

Abbildung 30: Projektkosten   Abbildung 31: Geplante Projektkosten (MUSTER-
Quelle: Knolmayer, G. u. Zimmerli, C.: 1997 S.47.   WERKE)
                                               Quelle: MUSTER-WERKE-Einsatzuntersuchung:
                                               1996 S.98f.

Es ist zu sehen, daß die geschätzten Werte der MUSTER-WERKE nur minimal von denen der Umfrage abweichen, und hiermit eine gute Ausgangsbasis für die Kostenplanung des Projektes in Münster geschaffen ist.

3.2.1.6 Finanzplanung

Bei der Finanzplanung für Münster ist darauf zu achten, daß bei der Aufstellung der Investitionsgüter auch die Aufwendungen für Schulungen und Personal aufgenommen werden. Ebenfalls müssen die Nebenkosten für Fahrten, Übernachtungen und Spesen in der Finanzplanung berücksichtigt werden. Die Verbuchung aller projektbezogenen Kosten sollte sofort auf die Kostenstelle „732 SAP-Projekt" erfolgen. So können Plan-/Ist-Abweichungen der Kosten frühzeitig unter Zuhilfenahme des Plan-/Ist-Vergleichs lokalisiert, und anschließend können die richtigen Gegensteuerungsmaßnahmen[125] eingeleitet werden.

3.2.1.7 Projektpläne

Die bereits verwendeten Projektpläne für den Oststandort können auch weiterhin bei der R/3-Einführung in Münster eingesetzt werden.

Die zusätzlichen Funktionalitäten, die in MS-Project für die Generierung von Berichten angeboten werden, sollten zur Projektberichterstattung in Münster genutzt werden. Allerdings müßten regelmäßig (jede Woche) die Daten in MS-Project gepflegt und aktualisiert werden. Dies könnte durch die Installation von MS-Project im Netzwerk erfolgen indem jeder Teilprojektleiter seine Teilprojektaktivitäten pflegt, und andererseits könnte ein Projektassistent den Projektleiter von dieser sehr zeitintensiven Aufgabe entlasten.

3.2.2 Sollkonzeption in der Projektaufbauorganisation

Für die Projektaufbauorganisation bietet es sich an, in Münster je nach Projektphase eine andere passende Organisationsform zu wählen.

Hierbei könnte sich die Projektaufbauorganisation wie folgt darstellen:

Projektphase	Projektorganisation
1. Organisation und Konzeption	Matrix Projektorganisation
2. Detaillierung und Realisierung	Reine Projektorganisation
3. Produktionsvorbereitung	Reine Projektorganisation
4. Produktivbetrieb	Projektmanagement in der Linie

Abbildung 32: Wechsel der Projektorganisation innerhalb eines Projektablaufs
Quelle: Eigene Darstellung

Auswahlgrund Phase 1:

Der Auswahlgrund für die Matrix-Projektorganisation ist, daß bei den Projektvorbereitungen die Projektmitarbeiter nur sporadisch mitarbeiten müssen. Der Projektleiter hingegen sollte bereits in dieser Phase voll mit Projekttätigkeiten betraut sein und aus dem Tagesgeschäft freigestellt werden. Die involvierten Gremien sind das Planungsgremium, das Beratungsgremium, der Lenkungsausschuß und das Managementgremium. Eine grafische Darstellung der vorgeschlagenen Projektaufbauorganisation ist im Anhang 20 dargestellt. Das Planungsgremium dient zur fachlichen und technischen Unterstützung der Erstplanung des Projektes, und das Beratungsgremium ist für die abteilungsübergreifende Kommunikation verantwortlich und sollte mit je einem Mitglied der betroffenen Fachabteilung besetzt sein. Der Lenkungsausschuß ist für wichtige Meilensteinentscheidungen heranzuziehen und entscheidet über das weitere Vorgehen. Ein Mitglied des Lenkungsausschuß ist der Projektsponsor. Das Management-Gremium setzt sich aus den Managern der involvierten Unternehmensbereiche zusammen, gibt das Sollkonzept frei und entscheidet über eventuelle organisatorische

---

[125] Bei Budgetüberschreitung wird das Budget aufgestockt, und bei Unterschreitung kann mit einem vermehrtem Ressourceneinsatz einen früheren Endtermin des Projektes erreichen.

Veränderungen in der Projektaufbauorganisation. Weiterhin ist die Projektaufbauorganisation um die Stelle des Projektassistenten zu erweitern, der die Aufgabe hat, den Projektleiter im Bereich der Überwachung und Steuerung (Projektcontrolling) der Kosten, Termine und der Projektqualität zu entlasten.

Auswahlgrund Phase 2 und 3:

In der Projektphase 2 und 3 wird der Aufbau der Projektorganisation in Form der reinen Projektorganisation vorgeschlagen. Da in Phase 2 und 3 die wichtigsten systemtechnischen Umsetzungen durchgeführt werden, muß der Projektleiter die volle Weisungs- und Direktionsbefugnis gegenüber seinem Projektteam haben, um erfolgreich arbeiten zu können. Die Projektmitarbeiter sind aus der Linie direkt und vollständig im Projekt involviert. Der Lenkungsausschuß wird in diesen Projektphasen eingesetzt. Die in der Phase 1 involvierten Gremien sind in diesem Projektabschnitt nicht weiter von Relevanz, da sie nur mit konzeptionellen Aufgaben zu Anfang des Projektes betraut werden. Jedes Teilprojektteam sollte mit einem EDV-Mitarbeiter für die technische und mit einem Mitarbeiter aus der Fachabteilung für die fachliche Unterstützung der Systemeinstellungen aufgebaut sein. Im Anhang 21 ist die vorgeschlagene Projektstruktur für die Phasen 2 und 3 dargestellt.

Auswahlgrund Phase 4:

In der letzten Projektphase „Produktivbetrieb" wird die Organisationsform des Projekt-management in der Linie vorgeschlagen. In dieser Projektphase müssen die Systemanwender in der produktiven Anfangsphase betreut werden. Eine permanente Betreuung durch eine Help Desk Organisation[126] ist festzulegen, in der die Systemnutzung und der Systemeinsatz zu optimieren und zu überwachen ist. Die Projektmitarbeiter werden nur noch temporär mit Projekttätigkeiten betraut, aus diesem Grund ist es sinnvoll, sie nur nach Bedarf aus den Linientätigkeiten herauszunehmen. Des weiteren ist es sinnvoll, bei einem Release-Wechsel diese Projektorganisationsform zu wählen. Im Anhang 22 ist die vorgeschlagene Projektstruktur für die Phase 4 dargestellt.

3.2.3 Sollkonzeption der Projektablauforganisation

Zur Verbesserung der Kommunikation sollte zu Beginn der Implementierungsmaßnahmen der R/3-Software ein Kick-off-Meeting veranstaltet werden, um alle Projektbeteiligten an einen Tisch zu bringen, gemeinsame Ziele zu verdeutlichen, zu motivieren und die Vorge-

---

[126] Aufbau einer Organisation, die die Überwachung und Optimierung des Systemeinsatz vornimmt und ggf. Anpassungen bei der Dokumentation und den Systemeinstellungen durchführt.

hensweise im Projektmanagement deutlich zu machen. Weiterhin müssen die Rahmen-bedingungen aufgezeigt und diskutiert werden, um die Verantwortung und Kompetenzen der verschieden Projektmitarbeiter hervorzuheben. Insbesondere sollte die Stellung des Projekt-leiters klar herausgestellt werden, da er die wichtigste Person im Projektteam darstellt. Anschließend muß genügend Zeit zur Verfügung stehen, um den Beteiligten die Möglichkeit zur Beantwortung von Fragen zu geben. Das Meeting könnte nach dem folgenden Muster durchgeführt werden[127]:

1. Ordnen der Themen der Vortragenden (intern und extern),

2. Bestimmen der Teilnehmer (intern und extern),

3. Definieren der Tagesordnung,

4. Zusammenstellung der zu verteilenden Unterlagen,

5. geeignete Räumlichkeiten zur Verfügung stellen und

6. rechtzeitig die Teilnehmer einladen.

In einem Kick-off-Meeting werden nicht nur die Ergebnisse vorgestellt, sondern auch die Gründe, die zur Entscheidungen der R/3-Implementierung geführt haben. Weiterhin ist dafür zu sorgen, daß die Eröffnung der Veranstaltung und die Ziele des Projektes von einem Mitglied der Geschäftsleitung vorgenommen werden. Der Projektleiter sollte anschließend ausreichend Gelegenheit zur Präsentation haben. Eingeladen werden der Lenkungsausschuß, das Managementgremium, das Projektteam, der Betriebsrat und die externen Berater von SAP.

In den Arbeitspaketen „Funktionen und Prozesse festlegen" und „Funktionen und Prozesse abbilden" sollte die grafische Darstellung der zu bearbeitenden Geschäftsprozesse in Projekt-besprechungen genutzt werden. Sie sollten unter Einbezug des Referenzmodells und des Business Navigators[128] (im folgenden kurz: BN) durchgeführt werden. Das von der SAP entwickelte R/3-Referenzmodell[129] beschreibt auf einer betriebswirtschaftlichen Ebene den Leistungsumfang und die Geschäftsprozesse der SAP-Standanwendungen im R/3-System. Diese Informationen helfen dabei, die möglichen Prozeßvarianten und Integrations-zusammenhänge zwischen den Anwendungen zu erkennen und dadurch die SAP-Software für das Unternehmen optimal zu nutzen.

---

[127] Vgl. SAP AG: R/3 Online Dokumentation: 9/96 im Kapitel „Vorgehensmodell" Phase 1: Kick-off des Einführungsprojektes durchführen.

[128] Vgl. SAP AG: R/3 Online Dokumentation: 9/96 im Glossar unter B.

[129] Vgl. SAP AG: R/3 Online Dokumentation: 9/96 im Glossar unter R.

Weiterhin gibt das Referenzmodell dem Anwender die Möglichkeit, sich an bestehenden Modellen zu orientieren und sie zur Einführung von SAP R/3 und einer parallel verlaufenden Optimierung der Geschäftsprozesse[130] zu verwenden. Hierzu kann man die EPK´s auch über den Visio Business Modeler[131] bearbeiten. Das hat den Vorteil, daß man die betriebswirtschaftlichen Abläufe aus dem R/3-Referenzmodell den Unternehmensanforderungen anpassen kann.

Die Darstellung des R/3-Referenzmodells wird mit dem BN ermöglicht. Er dient zur Navigation durch das Referenzmodell und bietet die Möglichkeit verschiedene Sichten aus dem Referenzmodell grafisch über ereignisgesteuerte Prozeßketten[132] (im folgenden kurz: EPK) darzustellen. Es gibt die Möglichkeit die Interaktionssicht, Prozeßsicht, Funktionssicht, Datensicht und die Organisationssicht anzuzeigen und auszudrucken. Der direkte Ausdruck der Sichten aus dem SAP-System läßt deren Bearbeitung nicht zu.

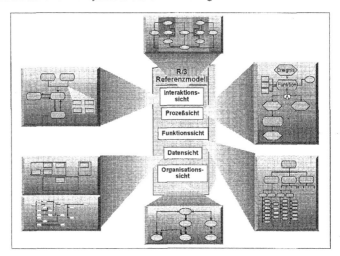

Abbildung 33: Die Sichten im Business Navigator
Quelle: SAP AG: SAP R/3 Business Process CD: Dateiname: overview\03_02.ppt Folie 2.

---

[130] Bei der Geschäftsprozeßoptimierung (Business Process Reengineering) werden die bestehenden gewachsenen betriebswirtschaftlichen Prozesse weitestgehend den Referenzprozessen des R/3-Referenzmodells angepaßt.
[131] Der Visio Business Modeler stellt ein PC-Tool dar, in dem mehr als 800 Vorgehensmodelle aus dem R/3-Referenzmodell enthalten sind. Diese VGM-Diagrammtypen kann man grafisch in EPK´s und Auswahlmatritzen darstellen. Anschließend können nach Business Best Practices (das ist die Orientierung am besten Modell) die eigenen Prozesse denen aus dem R/3-Referenzmodell angepaßt oder wenigstens optimiert werden. Außerdem ist der Visio Business Modeler im weiteren Projektverlauf für die Anwenderdokumentation, die Dokumentation der Systemeinstellungen und bei Schulungen der Projektmitarbeiter und der Systemanwender zu verwenden.

Mit den erzeugten Modellen (EPK´s) ist es möglich, Anwenderschulungen, strukturierte Dokumentationen und Kommentierungen der Geschäftsprozesse und Systemeinstellungen zu erstellen.

Für das Projekt in Münster sollte ein Konzept für die qualitative Überprüfung der einzelnen Phasenergebnisse (Testphasen) erarbeitet werden. In dieser Überprüfung kommt es darauf an, die Systemeinstellungen und den Abarbeitungsgrad der Aktivitäten der jeweiligen Phase kritisch zu betrachten, um eine gute Ausgangsbasis für das weitere Vorgehen zu haben. Des weiteren muß ein Konzept erstellt werden, in dem das gesamte Formularwesen der MUSTER-WERKE im SAP-System abgebildet und anschließend getestet werden kann. Weiterhin müssen von der Projektleitung Checklisten aus der CD Effizient R/3-Implementation bearbeitet werden, d.h. sie werden von der englischen in die deutsche Sprache übersetzt und den Erfordernissen der MUSTER-WERKE angepaßt (siehe Anhang 12, 15, 16). Diese Checklisten bilden unter anderem die Basis für die Tests, die die Bearbeitung der jeweiligen Projektphase qualitativ überprüfen.

Weiterhin sollte man, um den reibungslosen produktiven Betrieb des R/3-Systems zu gewährleisten, die Systemanwender und die Projektmitarbeiter entsprechend ihrer Aufgaben-stellung schulen und mit ihrer neuen Arbeitsumgebung vertraut machen. Hierzu muß ein Schulungsprogramm erstellt werden

- mit dem Inhalt,
- dem Umfang,
- der zeitlichen Planung und
- der zu unterrichtenden Aufgaben bezogen auf die SAP-Einführung in Münster.

3.2.4 Sollkonzeption des Projektcontrolling

In diesem Kapitel wird ein Konzept zur effizienten Steuerung und Überwachung der Aktivitäten im Projektmanagement bei der SAP R/3-Einführung am Standort Münster vorge-schlagen.

3.2.4.1 Terminkontrolle

Zur Kontrolle der Termine sollten die Strukturen des IMG bis zur vierten Gliederungsebene verwendet werde. Da die Strukturen des VGM´s und des IMG´s über die Downloadfunktion an MS-Project übergeben werden können, ist der Einsatz von MS-Project zur Verbesserung der Terminkontrolle im R/3-Projekt zu realisieren. Mit der Nutzung der in MS-Project

---

[132] Im R/3-Referenzmodell werden Prozesse, die mit dem R/3-System durchgeführt werden können, mit Hilfe von ereignisgesteuerten Prozeßketten (EPK) grafisch beschrieben. Eine EPK stellt die durch Ereignisse gesteuerten zeitlich-sachlichen Abhängigkeiten von Funktionen des R/3-Systems dar.

integrierten Netzwerkfunktionalität ist es möglich, daß der Projektleiter mit den Teilprojektleitern und den Anwendungsberatern die aktuelle Terminsitutation des Projektes über MS-
Project koordiniert. Des weiteren könnte ein Rückmeldesystem auf dieser Basis realisiert
werden, über das man die Terminanforderungen, zur Bearbeitung von Aktivitäten, an die
jeweiligen Teilprojektleiter sendet, und die Teilprojektleiter die Terminkoordination mit den
jeweiligen Projektmitarbeitern abstimmen. Nach der Abstimmung wird die Termin-
bestätigung über das PC-Netzwerk wieder an den Projektleiter zurückgesendet[133] und auf
dem Masterprojektplan[134] zusammenfassend dargestellt. In der folgenden Abbildung ist ein
Schema dieses Terminkontrollsystems dargestellt.

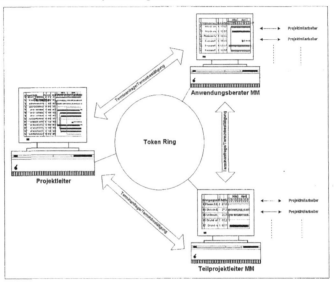

Abbildung 34: Terminkontrolle mit MS-Project
Quelle: Eigene Darstellung

Anhand der über diesen Weg durchgeführten Terminkoordination kann der Projektleiter einen
Plan-/Ist-Vergleich durchführen, indem er die aktuellen Termine der Teilprojektleiter mit den

---

[133] Auch wenn die Teilprojektleiter untereinander Termine koordinieren, muß der Projektleiter zwingend über die
vorgenommene Terminierung informiert werden, d.h. jede Transaktion muß automatisch auf den Masterplan
aktualisiert werden. Diese Maßnahme ist erforderlich um die Gesamtkoordination der Termine zu jedem Zeitpunkt
zu gewährleitsten.
[134] Im Masterprojektplan werden in MS-Project alle Ressourcen, Termine, Kosten, Aktivitäten und Kapazitäten
übersichtlich dargestellt. Dieser Plan wird vom Projektleiter bearbeitet und aktualisiert. Über die Funktion der
Mehrprojekttechnik in MS-Project können verschieden Teilprojekte über das PC-Netzwerk mit den Masterprojektplan in Verbindung stehen, dabei werden die Teilprojekte aus den Masterprojekt abgeleitet.

von ihm vorgegebenen Terminen vergleicht. Auf der Ebene der Teilprojektleiter kann man diesen Vorgang ebenso mit den Projektmitarbeitern durchführen.

Des weiteren sollte man für eine strategische Terminkontrolle eine Meilenstein-Trendanalyse durchführen, um eine Prognose über die zu erwartenden Meilensteinendtermine vornehmen zu können. Hierzu wurde angenommen, daß der Zeitraum der Implementierung der R/3-Software in Münster von August 97 bis Juli 99 (24 Monate) dauern soll. Die Zeit-intervalle der einzelnen Phasen wurden durch die von der SAP empfohlenen prozentualen Verteilung der Aufwände auf die einzelnen Phasen (35% Phase 1, 40% Phase 2, 20% Phase 3, 5% Phase 4) vorgenommen. Es ist allerdings ein zusätzlicher Zeitpuffer in der 1. Phase, durch die Erfahrungen, die man bereits am Oststandort sammeln konnte, enthalten. Dieser Puffer wirkt sich auf die Terminsituation aller folgenden Phasen positiv aus. In der folgenden Abbildung ist eine Meilenstein-Trendanalyse bezogen auf die R/3-Einführung in Münster exemplarisch dargestellt.

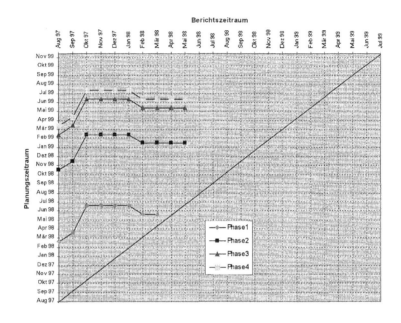

Projektphasen	Prognose-zeitpunkt											
	Aug 97	Sep 97	Okt 97	Nov 97	Dez 97	Jan 98	Feb 98	Mär 98	Apr 98	Mai 98	Jun 98	Jul 98
Phase1	Mär 98	Apr 98	Jul 98	Jul 98	Jul 98	Jul 98	Jun 98	Jun 98				
Phase2	Nov 98	Dez 98	Mär 99	Mär 99	Mär 99	Mär 99	Feb 99	Feb 99	Feb 99	Feb 99		
Phase3	Mär 99	Apr 99	Jul 99	Jul 99	Jul 99	Jul 99	Jun 99	Jun 99	Jun 99	Jun 99		
Phase4	Apr 99	Mai 99	Aug 99	Aug 99	Aug 99	Aug 99	Jul 99	Jul 99	Jul 99	Jul 99		

Abbildung 35: Meilenstein-Trendanalyse für die R/3-Einführung in Münster
Quelle: Eingen Darstellung

Zu den Zeitpunkten der Berichterstattung trägt der Projektleiter die angenommenen Werte für den zukünftig ermittelten Phasen-Termin-Verlauf für jede Phase ein. Daraus ergibt sich für die letzte Phase der prognostizierte Endtermin der R/3-Implementierung. Des weiteren kann man bereits an den Prognosewerten der jeweiligen Meilensteine (Ende der Projektphase) die Maßnahmen für weitere Aktivitäten besser abschätzen und Anpassungen in Bezug auf die terminliche Entwicklung des Projektes vornehmen.

3.2.4.2 Aufwands- und Kostenkontrolle

Bei der Schwachstellenanalyse wurde festgestellt, daß die externen Aufwände im Projekt Oststandort weit unter den von SAP vorgegebenen Erfahrungswerten liegen. Jedoch zeigte sich eine gute Übereinstimmung mit den Werten, die bei der repräsentativen Befragung von

100 Schweizer Unternehmen ermittelt wurden. Jedoch sollten die Erfahrungswerte von der SAP als Basisgrößen für das weitere Vorgehen im Projektablauf verwendet werden, da sich bei den Ergebnissen der Studie gezeigt hat, daß die Unternehmen in den letzten beiden Projektphasen oftmals in Termin- und Koordinationsprobleme kamen.

Um die Kontrolle des Aufwands und der Kosten durchführen zu können, muß zunächst die Möglichkeit geschaffen werden, den Aufwand, der für das SAP-Projekt in Münster benötigt wird, zu erfassen. Die Erfassung sollte in monatlichen Intervallen erfolgen, um frühzeitig Abweichung in der Kostenentwicklung des Projektes erkennen zu können. Da bei der Einführung der R/3-Software die Personalkosten den größten Kostenverursacher darstellen, ist es wichtig, die Kostenentwicklung mit einem Plan-/Ist-Vergleich zu steuern und zu überwachen. In der folgenden Abbildung wird ein Plan-/Ist-Vergleich des Personalaufwands beispielhaft dargestellt.

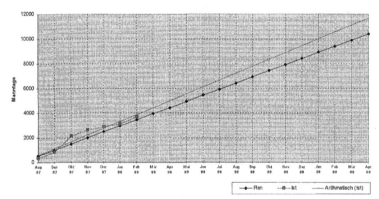

	Phase1							Phase2				
	Aug 97	Sep 97	Okt 97	Nov 97	Dez 97	Jan 98	Feb 98	Mär 98	Apr 98	Mai 98	Jun 98	Jul 98
Plan	495	990	1485	1980	2475	2970	3465	3960	4455	4950	5445	5940
Ist	300	800	2100	2600	2900	3100	3700					
%	61	81	141	131	117	104	107	0	0	0	0	0

Abbildung 36: Plan-/Ist-Vergleich des internen Personalaufwand
Quelle: Eigene Darstellung

Die dargestellten Werte (Manntage) sind aus der Aufwandsschätzung entnommen und nach den von der SAP AG festgelegten prozentualen Phasenverteilung je Phase berechnet worden. Durch die ständige Fortschreibung der Ist-Werte ist es möglich, mit einem arithmetischen Trendverlauf die zukünftige Personalentwicklung zu ermitteln und bei Abweichungen vom

Plan auf dieser Grundlage Gegensteuerungsmaßnahmen[135] einzuleiten. Im obigen Beispiel ist eine Überschreitung des Personalaufwands absehbar, in diesem Fall müßten um den Termin einzuhalten Mitarbeiter aus der Linie beschafft werden.

Des weiteren muß eine Bewertung der Kosten des Personals erfolgen. Hierzu wird zwischen externen und internen Personalkosten unterschieden. Diese Kosten müssen erfaßt und über die Aufwände der jeweiligen Planperiode darstellbar sein, um repräsentative Aussagen über Abweichungen zu erhalten. In der folgenden Abbildung ist ein exemplarischer Plan-/Ist-Vergleich über die interne Kostenentwicklung der R/3-Einführung in Münster dargestellt.

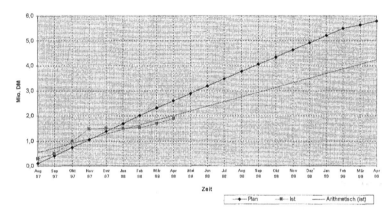

Phase1	35%						Phase2	40%				
Aug 97	Sep 97	Okt 97	Nov 97	Dez 97	Jan 98	Feb 98	Mär 98	Apr 98	Mai 98	Jun 98	Jul 98	Aug 98
Plan 0,10	0,42	0,74	1,06	1,38	1,71	2,03	2,32	2,61	2,90	3,19	3,48	3,77
Ist 0,30	0,50	1,00	1,50	1,51	1,52	1,54	1,70	1,90				
%	119	135	141	109	89	76	73	73	0	0	0	

Abbildung 37: Plan-/Ist-Vergleich der internen Personalkosten
Quelle: Eigene Darstellung

Die dargestellten Werte sind ebenfalls aus der Aufwandsschätzung entnommen und nach den von der SAP AG festgelegten prozentualen Phasenverteilung je Phase berechnet worden. Wie in der Abbildung zu erkennen ist, würde beim angenommenen Verlauf der Ist-Kosten am

---

[135] Bei einer stetigen Überschreitung des Planwertes müßte der Projektleiter frühzeitig neue Projektmitarbeiter rekrutieren, um nicht in terminliche Schwierigkeiten im weiteren Verlauf des Projektes zu kommen. Bei einer Unterschreitung der Planwerte sind hingegen noch Kapazitäten frei, mit denen Aufgaben aus späteren Projektphasen vorgezogen bearbeitet werden könnten, falls diese Aufgaben nicht sequenziell von den vorhergehenden Aufgaben abhängen.

Projektende eine Kostenunterschreitung vorliegen. In diesem Fall wären keine Gegenmaßnahmen[136] zu veranlassen.

3.2.4.3 Sachfortschrittskontrolle

Um einen besseren Überblick über den Sachfortschritt des R/3-Projektes in Münster zu erhalten, wäre es sinnvoll die Statuspflege im IMG zu nutzen. Allerdings sollten die
Aktivitäten nur bis zur vierten Ebene (491 Einzelaktivitäten, vorher 5095) gepflegt werden.
Weiterhin könnte man eine Unterteilung der zu bearbeitenden Aktivitäten nach Funktionen
(MM, PP, SD, FI/CO, BC) vornehmen, und diese auf Teilprojektleiterebene bearbeiten
lassen, so daß der Projektleiter nur die konsolidierten Daten seiner Teilprojektleiter erhält. Die
technische Abwicklung dieser Aktionen sollte, wie in Kapitel 3.2.4.1 (siehe Abbildung 34)
bereits beschrieben, über die Funktionalitäten von MS-Project durchgeführt werden. Um eine
automatische Berechnung der Restaufwände pro Projektphase (VGM), bzw. pro Arbeitspaket, durchführen zu können, sollte der Projektleiter, und die Teilprojektleiter für die ihnen
zugeteilten Funktionen, in monatlichen Intervallen einen Plan-/Ist-Vergleich des Projekt-
sachfortschritts durchführen. In der folgenden Abbildung ist exemplarisch ein Plan-/Ist-
Vergleich für die Sachfortschrittskontrolle des R/3-Projektes für Münster auf Projektleiterebene dargestellt.

---

[136] Gegenmaßnahmen sind z.B. bei einer prognostizierten Personalkostenüberschreitung entweder den Personal-
einsatz zu minimieren um einer Kostenüberschreitung entgegenzuwirken oder das Projekt wie bisher fortzuführen.
Im Fall des R/3-Einführungsprojektes in Münster liegt die Priorität bei der terminlichen Einhaltung bis spätestens
Ende 1999.

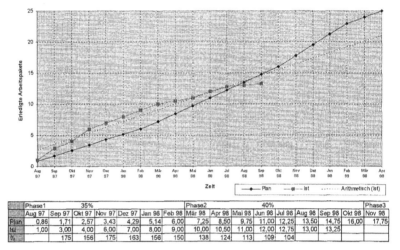

	Phase1		35%				Phase2			40%					Phase3
	Aug 97	Sep 97	Okt 97	Nov 97	Dez 97	Jan 98	Feb 98	Mär 98	Apr 98	Mai 98	Jun 98	Jul 98	Aug 98	Sep 98	Okt 98	Nov 98
Plan	0,86	1,71	2,57	3,43	4,29	5,14	6,00	7,25	8,50	9,75	11,00	12,25	13,50	14,75	16,00	17,75
Ist	1,00	3,00	4,00	6,00	7,00	8,00	9,00	10,00	10,50	11,00	12,00	12,75	13,00	13,25		
%		175	156	175	163	156	150	138	124	113	109	104				

Abbildung 38: Plan-/Ist-Vergleich der Sachfortschrittskontrolle auf Projektleiterebene
Quelle: Eigene Darstellung

Die Planwerte ergeben sich aus der Anzahl der Arbeitspakete pro Projektphase bezogen auf die jeweiligen monatlichen Zeitintervalle der Erfassung des Sachfortschritts. Die Gewichtung des obigen Plan-/Ist-Vergleichs ist pro Arbeitspaket mit einem arithmetischen Mittel über alle 25 Arbeitspakete des VGM's ermittelt worden. Für die Arbeit im R/3-Projekt in Münster ist es jedoch erforderlich, die Bewertung der einzelnen Arbeitspakete individuell zu bestimmen, da sie verschiedene Aufgabeninhalte und damit unterschiedliche Bearbeitungs-intensitäten voraussetzen.

Die Sachfortschrittskontrolle auf der Ebene der Teilprojektleiter würde sich grundlegend wie in Abbildung 38 verhalten, nur die Inhalte werden differenzierter strukturiert, d.h. sie sind nicht nur nach Arbeitspaketen und Phasen, sondern noch zusätzlich nach Aktivitäten organi-siert.

Um repräsentative Aussagen über die noch zu erbringenden Leistungen der Arbeitsabschnitte (Aktivitäten, Arbeitspakete, Phasen) machen zu können, muß man den Arbeitswert der jeweiligen Aktivität festlegen, um nach dem Durchführen des Plan-/Ist-Vergleichs eine Restaufwandsschätzung vornehmen zu können. Die Berechnung der Arbeitswerte sollte nach dem in Kapitel 2.2.4.3 vorgestellten Schema und die Restschätzungen auf der Basis der vergangenheitsbezogenen Aufwands- und Kostenbestimmung erfolgen, da man im R/3-Projekt in Münster auf den Erfahrungswerten aus dem Pilotprojekt am Oststandort aufbauen könnte.

In der folgenden Tabelle ist beispielhaft die Berechnung der Werte der einzelnen Arbeitswerte pro Projektphase dargestellt.

Die Werte beziehen sich auf die externen und internen Aufwände sowie auf die Nebenkosten						
	Arbeitspakete aus dem VGM	Qualitätskontrolle bei Phasenabschluß	Summe	SAP-Richtwerte für Phasen	Kosten pro Arbeitspaket	Kosten der Phase
Phase 1	5	1	6	35%	457.800 DM	2.746.800 DM
Phase 2	9	1	10	40%	313.920 DM	3.139.200 DM
Phase 3	6	1	7	20%	224.229 DM	1.569.600 DM
Phase 4	2		2	5%	196.200 DM	392.400 DM
Summe	22	3	25	100%		7.848.000 DM

Tabelle 16: Berechnung der Kosten der einzelnen Arbeitspakete aus dem VGM
Quelle: Eigene Darstellung

In dem folgenden Beispiel wird exemplarisch eine Arbeitswertbetrachtung der Projektphase 1
gegeben.

Gegeben für Projektphase 1: W =   2,400 Mio. DM (Beispielwert)

K_{ist} =   1,995 Mio. DM (Beispielwert)

$K_{A\text{-}Plan}$ =   2,746 Mio. DM (aus Tabelle 16)

$$Q_K = \frac{2,400 Mio. DM - 1,995 Mio. DM}{1,995 Mio. DM} * 100 = 20,30\% \qquad I_{KW} = \frac{1,995 Mio. DM}{2,400 Mio. DM} = 0,83$$

$$Q_T = \frac{4,111 Mio. DM - 2,746 Mio. DM}{2,746 Mio. DM} * 100 = -12,60\% \qquad I_{TW} = \frac{2,746 Mio. DM}{2,400 Mio. DM} = 1,14$$

Das positive Ergebnis von 20,30% bei Q_K und der Wert 0,83 von I_{KW} kennzeichnet einen
guten Projektfortschritt bezüglich der Projektkostensituation, und der negative Wert von
Q_T mit -12,60% und I_{TW} von 1,14 kennzeichnet einen schlechten Projektfortschritt im
Hinblick auf die terminliche Projektsituation.

3.2.4.4 Qualitätssicherung

Für die qualitative Sicherung der Systemeinstellungen sollten die Checklisten verwendet
werden, die von der SAP eigens für die qualitative Überwachung der jeweiligen Phasenergebnisse entwickelt worden sind (siehe Anhang 12, 15, 16).

Nachdem die Aufgaben der 1. Phase bearbeitet worden sind, sollte eine Überprüfung der
Ergebnisse der jeweiligen Arbeitspakete mit den entsprechenden Checklisten vorgenommen
werden. Die folgenden Punkte sind dabei zu prüfen:

• Ergänzung der Projektaufbau- und -ablauforganisation,

• Einhaltung der Projektstandards,

• Systemlandschaft,

• Sollkonzept,

- Schnittstellen- und Systemerweiterungsbeschreibungen,
- Projektplanung,
- Ergebnisse und Inhalte des Prüfungsprotokolls.

Anschließend wird die Freigabe der nächsten Phase, d.h. die Inhalte des Prüfungsprotokolls dem Lenkungsausschuß vorgestellt. Durch die Annahme dieser Ergebnisse sollte die laufende Phase abgeschlossen werden und die Freigabe der Projektaktivitäten für die nächste Phase erfolgen.

In der 2. Phase müssen folgende Punkte geprüft werden:

- die Projektaufbau- und -ablauforganisation,
- die Einhaltung der Projektstandards,
- die Umsetzung des Sollkonzeptes,
- die realisierten Schnittstellen und Systemerweiterungen,
- das Berichtssystem,
- die Archivverwaltung,
- das Berechtigungskonzept,
- der Abschlußtest,
- die Projektplanung und
- das Prüfungsprotokoll.

Anschließend sollte ebenfalls, wie nach Phase 1, die Freigabe der nächsten Phase vor dem Lenkungsausschuß diskutiert und verabschiedet werden.

In der 3. Phase sind zu überprüfen:

- die Anwenderdokumentation,
- die Produktivumgebung,
- die durchgeführte Anwenderschulung,
- die Organisation der Systemadministration,
- die erfolgten Datenübernahmen,
- die Projektplanung und
- das Prüfungsprotokoll.

Die Freigabe der letzten Phase erfolgt nochmals über den Lenkungsausschuß.

In der 4. Phase sollten die Systemeinstellung optimiert werden, anschließend ist ein Projektabschlußbericht vom Projektleiter zu verfassen. Die Inhalte werden im Kapitel Projektberichterstattung dargestellt.

3.2.4.5 Projektdokumentation

Die Projektdokumentation sollte durchgängig und nach einem einheitlichen Standards erfolgen. Es bietet sich an, die Dokumentation nach Projektphasen (Phase 1, Phase 2, Phase 3, Phase 4 und Projektcontrolling) vorzunehmen.

Die Projektstandards sollten nach den folgenden Kriterien festgelegt werden:

- Dokumentation der Systemeinstellungen,
- Dokumentation der Projektarbeit und
- Dokumentation der betrieblichen Aufbau- und Ablauforganisation.

Die **Dokumentation der Systemeinstellungen** erfolgt im Projekt-IMG zu der jeweiligen IMG-Aktivität. Bei jeder Änderung der Systemeinstellung sind folgende Angaben zu notieren:

- Datum und Name des Bearbeiters,
- Inhalt der Änderung und die
- sachliche Begründung, die die Änderung näher beschreibt, damit sie zu einem späteren Zeitpunkt nachvollziehbar ist.

Weiterhin erfolgt die **Dokumentation der Projektarbeit** hauptsächlich im SAP-Office in Form von Dokumenten (Winword, Excel, Power-Point), die in Mappen der allgemeinen Ablage abgelegt sind. Folgende Voraussetzungen müssen für die Generierung der Mappen-strukturen erfüllt sein:

- Beim „Mandanten definieren" ist der Parameter „Rolle des Mandanten" mit dem Wert „Customizing" zu füllen.
- Für die Mappenstruktur „Allgemein" muß zusätzlich bei der Customizing-Projektdefinition die „Projektdokumentation" aktiviert werden.
- Für die Mappenstruktur „Komponenten" muß zusätzlich bei der Generierung des Unternehmens-IMG die Generierung der Mappen erfolgen.

Bei der Mappenstruktur „Allgemein" sollten pro IMG-Projekt Mappen eingerichtet werden, die jeweils alle Dokumente der folgenden Klassen aufnehmen können:

- Projektstatusberichte,
- Protokolle,
- Dokumentation der Projektstandards,
- allgemeine offene Fragen,
- Systemprobleme/Fehler,
- Schnittstellenbeschreibung (Verweise auf die Dokumente aus den Mappen „Komponen-ten"),

- Systemerweiterungsbeschreibung (Verweise auf die Dokumente aus den Mappen „Komponenten"),

- externe Unterlagen und

- sonstige Unterlagen.

Die **Dokumentation der betrieblichen Aufbau- und Ablauforganisation** sollte auf der Basis der Modelle des R/3-Referenzmodells mit dem Business Modeler und der textuellen Beschreibung in der Mappenstruktur „Komponenten" erfolgen. Dabei sollten folgende Modelle verwendet werden:

- Kommunikationsdiagramm,

- Organigramm,

- Prozeßauswahlmatrix pro Geschäftsfeld und Anwendungskomponente,

- Anwendungskomponentenhierarchie und

- Prozeßkette (EPK) mit Input/Output-Zuordnung pro Prozeß aus dem Visio Business Modeler.

Weiterhin sollte für die Dokumentation des Projektgeschehens ein Projekttagebuch vom Projektleiter geführt werden. Das Projekttagebuch sollte in Form eines Kalenders aufgebaut sein, damit man chronologisch Eintragungen vornehmen kann.

3.2.4.6 Projektberichterstattung

Die Projektberichterstattung sollte grundsätzlich so wie am Oststandort durchgeführt werden. Zusätzlich sollten die standardisierten Berichtsfunktionalitäten aus MS-Project verwendet werden. Durch diese Regelung kann man erheblich viel Zeit bei der Berichterstellung einsparen werden. Voraussetzung ist allerdings, daß die gesamten Projektdaten in MS-Project möglichst aktuell sind. Aus dieser Anforderung ergibt sich weiterhin, daß eine gemeinsame, konsistente und kompatible Projektdatenhaltung notwendig ist, d.h., daß alle Berichte auf **einem** für alle Projektmitarbeiter zugänglichen Datenträger abgelegt sein müssen. Durch diese Maßnahme kann ein reibungsloser Informations- und Kommunikationsfluß im Projektmanagement erreicht werden. Die Möglichkeit, Auswertungen über alle Daten durchzuführen, ist damit gewährleistet. Es sollte ein gemeinsames Ordnungsschema (siehe Anhang 24) auf einem Server-PC oder der AS/400 abgelegt sein, auf das jeder Projektmitarbeiter zugreifen und Daten ablegen kann. Nach diesem Ordnungsschema sind ebenfalls die Projektordner zu strukturieren. Weiterhin müssen Auswertungen über Projektdatenbestände aus Gründen der Datenkonsistenz ausschließlich von den Teilprojektleitern oder dem Projektleiter durchgeführt werden.

Des weiteren sollte bereits bei Projektbeginn in einem Berichtsplan (siehe Anhang 3) standardisiert festgehalten werden, wer, wann, welche Berichte empfangen muß. Auch die Art der Berichte spielt eine Rolle. Eine Kombination aus textuellen und grafischen Berichten (siehe Anhang 25) stellt einen lückenlosen Informationsaustausch innerhalb (Projektleiter, Teilprojektleiter und Projektteam) und außerhalb (Geschäftsleitung und Fachabteilungen) des Projektmanagements sicher.

Um den **direkten** Informationsaustausch im Projektablauf sicherzustellen, ist zu Beginn des Projektes festzulegen, in welchem Tagungsturnus welche Mitarbeiter an Projektbesprechungen teilnehmen sollen. Diese Festlegungen sind im Anhang 26 in einer Matrix festgelegt.

Zum Abschluß des Projektes ist ein Abschlußbericht vom Projektleiter anzufertigen, der folgende Inhalte haben sollte:

- allgemeine Angaben wie Projektname, Ersteller, Erstellungsdatum, Empfänger,
- Management Summary,
- Ausgangslage oder Projektauftrag,
- Zielsetzung,
- Beschreibung der Projektresultate mit Inhalt und Terminen,
- Kostensituation,
- Probleme und Lösungsvorschläge,
- weiteres Vorgehen mit Antrag zur Genehmigung und
- Anhang mit Phasenabschlußgenehmigung und Ergänzungen dazu.

Die Erstellung eines Projektabschlußberichtes ist gleichzeitig Anlaß für das Projektteam, einen kritischen Rückblick über die Projektarbeit zu halten.

4 Zusammenfassung und Ausblick

Um Unternehmen auch in Zukunft am Markt erfolgreich zu führen, muß sich das Management Gedanken über die Transparenz der internen und externen logistischen Strukturen machen. Der Abbau von Schnittstellen entlang des Wertschöpfungsprozesses spielt hierbei eine wichtige Rolle. Es gilt die Prozeßketten durchgängig und flexibel zu gestalten, so daß Durchlaufzeiten und Kosten minimiert werden können. Daraus ergeben sich Forderungen und neue Ansprüche an die betriebliche Datenverarbeitung, die heute eine strategische Schlüsselposition in den Unternehmen einnimmt. Das Softwarehaus SAP AG versucht, mit dem Standardsoftwareprodukt SAP R/3 diesem Anspruch gerecht zu werden. Das Ziel der R/3-Software ist, die anwendungsübergreifende Abdeckung aller betriebswirtschaftlichen Funktionalitäten im Unternehmen auf einem System.

Die Gestaltung einer Implementierungstrategie für die Beherrschung eines komplexen Projektes wie der Einführung der R/3-Software bei den Muster AG (MUSTER-WERKE) in Münster, hat das Unternehmen vor die Schwierigkeit gestellt, sich mit einer neuen Organisationsform vertraut zu machen, dem Projektmanagement. Aufgrund der Komplexität der Gestaltungsaufgabe bei der Implementierung des R/3-Systems, wäre ohne dieses organisatorische Instrument die Implementierung nur unter sehr schwierigen, zeit- und kostenintensiven Umständen durchzuführen. Aus dieser Forderung heraus wurde ein Projektmanagementsystem zur erfolgreichen R/3-Einführung entwickelt.

Zunächst galt es die theoretische Grundlage für den Aufbau eines Projektmanagementsystems zu schaffen. Das Untersuchungsraster bestehend aus den Komponenten Projektplanung, Projektsteuerung, Projektaufbau- und -ablauforganisation wurde zur Analyse des Projektmanagements bei der SAP-Einführung am Oststandort genutzt.

Die optimale Einführung der R/3-Software kann aber nur dann gelingen, wenn alle Projektgrößen optimal aufeinander abgestimmt sind und der Informationsfluß zwischen den einzelnen Projektmitarbeitern und den Fachabteilungen reibungslos verläuft. Hier kommt es vor allem auf die Steuerungs- und Überwachungsmaßnahmen innerhalb der Projektorganisation an. Der Erfolg zeigt sich daran, ob es gelingt, aus der Sicht des Projektleiters zu jedem Zeitpunkt im Projektablauf genau zu wissen, welchen Projektstatus man hat, wie die Qualität, die bereits verbrauchten Finanzmittel und der Personalaufwand sich im Moment und in der Zukunft darstellen.

Nachdem die Schwachstellen im Pilotprojekt am Oststandort ermittelt waren, zeigten sich Defizite in der Aufbau- und Ablauforganisation, der Dokumentation und den Tests, die nach Bearbeitung der einzelnen Projektphasen die Qualität der Systemeinstellungen sicherstellen sollen. Weiterhin wurden Vorschläge zur Verbesserung des VGM's unterbreitet. Da das VGM prozeßorientiert aufgebaut ist, fehlten einige Funktionen, die zur Bearbeitung der Projektaufgaben notwendig waren. Aus diesem Grund wurde empfohlen, in MS-Project nach dem Download von R/3 die fehlenden Funktionen aufzunehmen. Ein weiterer wichtiger Bestandteil war die Konstruktion eines Plan-/Ist-Vergleichssystem in den Bereichen der Kosten, Termine und des Sachfortschritts, um bereits in der Planungsphase vergleichbare Werte für die effiziente Steuerung und Überwachung des SAP R/3-Projektes zu erhalten.

Abschließend läßt sich feststellen, daß mit dem Pilotprojekt am Oststandort, in Verbindung mit den aufgezeigten Vorschlägen zur Verbesserung des Projektmanagementsystems, eine gute Basis für die konzernweite Einführung der SAP R/3-Standardsoftware geschaffen wurde. Allerdings müssen vor Beginn des Projektes in Münster die Projektstrukturen an die Anforderungen angepaßt werden, die sich aus dem erarbeiteten Sollkonzept ergeben.

Literatur- und Quellenverzeichnis

Bücher:

1. **Albrecht, A.J.:** Mesuring Application Development Productivity, Proc. Joint SHARE/GUDIE/IBM Application Development Symposium, Oct. 1979.

2. **Birker, K.:** Projektmanagement, 1. Aufl. Berlin, Cornelsen Verlag 1995.

3. **Burghardt, M.:** Projektmanagement, 2. Aufl. Berlin-München, Siemens Aktiengesellschaft Berlin-München 1993.

4. **Engels** u. **Gresch** u. **Nottenkämper.:** SAP R/3 kompakt, München: tewi-Verlag München 1996.

5. **Feigenbaum, A.V.:** Total Quality Control, in Handbuch Projektmanagement, Bd.1 u. Bd.2, 1.Aufl. Köln, Verlag TÜV Rheinland GmbH 1989.

6. **Hedwig u. Kellner:** Die Kunst DV-Projekte zum Erfolg zu führen, Budgets - Termine - Qualität, 1. Aufl. München-Wien : Carl Hanser Verlag 1994.

7. **Hufgard, A.:** Wirtschaftliche R/3-Einführung im Mittelstand - Einsatzmöglichkeiten von Methoden und Tools, in: Wenzel, P. (Hersg.): Geschäftsprozeßoptimierung mit SAP R/3: Modellierung, Steuerung und Management betriebswirtschaftlich-integrierter Geschäftsprozesse, Braunschweig-Wiesbaden: Vieweg 1995.

8. **Krüger, W.:** Organisation der Unternehmung, 2. Aufl. Stuttgart-Berlin-Köln: Verlag Kohlhammer GmbH 1993.

9. **Krüger, W.:** Stichwort Projektmanagement, in: Wittmann, W.: Handwörterbuch der Betriebswirtschaft, 5.Aufl. et al. (Hersg.).

10. **Kupper, H.:** Zur Kunst der Projektsteuerung: Qualifikation und Aufgaben eines Projektleiters bei DV-Anwendungsentwicklungen, 5. Aufl. München-Wien, Oldenburg 1988.

11. **Madauss, B.J.:** Handbuch Projektmanagement, 3.Aufl. Stuttgart: Poeschel 1990.

12. **Meilir, P-J.:** Praktisches DV-Projektmanagement, 1.Aufl. München-Wien: Carl Hanser Verlag 1991.

13. **Platz, J.** u. **Schmelzer H.J.:** Projektmanagement in der industriellen Forschung und Entwicklung anhand von Beispielen aus der Informationstechnik, Berlin 1986.

14. **Probst, J.**: Organisation, 1. Aufl. Landsberg/Lech, Verlag moderne Industrie 1993.

15. **Reschke** u. **Schelle** u. **Schnopp** (Hersg.): Handbuch Projektmanagement, Bd.1 u. Bd.2, 1.Aufl. Köln, Verlag TÜV Rheinland GmbH 1989.

16. **Rinza, P.**: Projektmanagement, Planung, Überwachung und Steuerung von technischen und nichttechnischen Vorhaben, 3. Aufl. Düsseldorf 1994.

17. **Schlereth, T.**: Projektmanagement mit Projekt 4.0: 1.Aufl. München, Markt&technik Buch- und Software -Verlag GmbH 1995.

18. **Schultz, V.**: Projektkostenschätzung, Kostenermittlung in frühen Phasen von technischen Auftragsprojekten, 1. Aufl. Wiesbaden, Gabler-Verlag 1995.

19. **Stahlknecht, P.**: Einführung in die Wirtschaftsinformatik, 6. Aufl. Berlin-Heidelberg: Springer Verlag 1993.

20. **Thome, R.** u. **Hufgard, A.**: Continous System Engineering: Entdeckung der Standard-software als Organisator, Würzburg: Vogel-Verlag 1996.

21. **Wenzel, P.** (Hersg.): Geschäftsprozeßoptimierung mit SAP R/3: Modellierung, Steuerung und Management betriebswirtschaftlich-integrierter Geschäftsprozesse, Braunschweig-Wiesbaden: Vieweg 1995.

22. **Wenzel, P.**: Betriebswirtschaftliche Anwendungen des integrierten Systems SAP R/3, Braunschweig-Wiesbaden, Vieweg-Verlag 1996.

Zeitschriften:

1. **Bölkow, L.**: in: MBB Aktuell, Heft 7/8 1982.

2. **Drexl** u. **Kolisch** u. **Sprecher**: Neuere Entwicklungen in der Projektplanung: in Heft 2 Februar Schmalenbachs Zeitschrift für betriebswirtschaftliche Forschung (zfbf) Düssel-dorf: Verlagsgruppe Handelsblatt 1997.

3. **Küpper, H.-U.**: Controlling-Konzeption, Aufgaben und Instrumente: in Heft 2 Februar Schmalenbachs Zeitschrift für betriebswirtschaftliche Forschung (zfbf) Düsseldorf: Ver-lagsgruppe Handelsblatt 1997.

Aufsätze, Konzeptionen, Dissertationen, Skripts:

1. **MUSTER-WERKE-Einsatzuntersuchung:** Einsatzuntersuchung bei der Firma Muster-Werke von Werner Muster GmbH+Co.KG von der Firma SAP AG, Walldorf den 07.11.1996.

2. **Friedrich, A. Prof. Dr**.: Projektmangement, Vorlesungsskript an der Hochschule für Technik und Wirtschaft Dresden (FH) 1995.

3. **Mustermann, M.:** Sollkonzept für die Einführung der SAP Standardsoftware R/3 bei der Teilkonzern Berlin Werk Oststandort, Version 2.2 Münster 1997.

4. **Knolmayer, G.** u. **Zimmerli, C.:** Erfahrungen mit der Einführung von SAP R/3 in Schweizer Unternehmungen: Studie der Abteilung Information Engineering des Instituts für Wirtschaftsinformatik der Universität Bern, Bern: Ausgabe 1997.

5. **Rieder, B.:** Die Gestaltung des Implementierungsprozesses bei der Einführung von integrierter Standardsoftware, Diss. Universität Regensburg 1988.

Sammelwerke, Lexika, Handbücher:

1. **Deutscher Normausschuß:** DIN 69901, Projektmangement, Berlin 1980.

2. **Gabler:** Wirtschafts-Lexikon, 12.Aufl. Wiesbaden: Betriebswirtschaftlicher Verlag Dr. Th. Gabler GmbH 1988.

3. **Hesse, B.** u. **Baew Christow B.:** SAP-Beraterhandbuch, Kapitel 9 Projektmanagement: 1995.

Datenträger:

1. **Klein, T. SAP AG:** R/3 Einführungsunterstützung auf CD-ROM, CeBIT'96: SAP AG Walldorf 1996.

2. **Klein, T.:** R/3 Einführungsunterstützung auf CD-ROM: SAP AG Walldorf 1996.

3. **SAP AG**: Firmenporträt auf CD-ROM: SAP AG Walldorf 1995.

4. **SAP AG:** R/3 Online Dokumentation CD-ROM, Version 3.0 E, 3.0 F, 3.1 G: SAP AG Walldorf 1996.

5. **SAP AG:** SAP R/3 Business Process CD-ROM: SAP AG Walldorf 1996.

Software:

1. **Windows NT 4.0.**

2. **SAP R/3-System:** Release 3.0 E+F.

3. **MS-Office 3.11:** Winword 6.0, Excel 5.0, Power-Point 4.0.

4. **MS-Project 4.0.**

5. **Visio 4 u. Visio Business Modeller 2.0.**

Mündliche Quellen:

1. **Mustermann, M.:** Projektleiter bei der SAP R/3-Einführung am Standort Ost.

2. **Organisationsabteilung der MUSTER-WERKE.**

Anhang

Klassifika-tions-Nr.	Dokumentationskomplex	Seite
1	**Auftragsdokumentation**	
1.1	**Auftragsunterlagen**	
1.1.1	Entwicklunganträge/Änderungsanträge	
1.1.2	Anforderungen/Pflichtenheft	
1.1.3	Anregungen/Vorschläge	
1.1.4	Untersuchungsergebnisse	
1.2	**Produktbetreuungsunterlagen**	
1.2.1	Einführungsplan	
1.2.2	Schulungsplan	
1.2.3	Betreuungsplan	
1.2.4	Konfigurationsplan	
1.2.5	Überlassungsvereinbarungen	
1.2.6	Schriftverkehr	
1.2.7	Besprechungsprotokolle	
1.3	**Freigabe- und Änderungsunterlagen**	
1.3.1	Freigabemitteilung	
1.3.2	Freigabeprotokoll	
1.3.3	Übergabeprotokoll	
1.3.4	Änderungsmitteilung	
1.3.5	Programmänderungsprotokoll	
1.3.6	Programmnummernverzeichnis	
1.3.7	Abschlußberichte	
1.3.7.1	Prüfpaß für Revision	
1.3.7.2	Testergebnis Abnahmetest	
1.3.7.3	Testergebnis Produktivbetrieb	

Anhang 1: Darstellung der fest vorgegebenen Dokumentationsstruktur
Quelle: Burghardt, M.: 1993 S. 358.

1	Projektdefinition	3	Projektkontrolle
1.1	Projektsteckbreif	3.1	Aufwands- und Kostenüberwachung
1.2	Produktblatt	3.2	Terminüberwachung
1.3	Projektorganisation	3.3	Qualitätsüberwachung
1.4	Antragsunterlagen		
1.4.1	Projektauftrag	4	Projektdurchführung
1.4.2	Aufwandschätzung	4.1	Projektberichte
1.4.3	Wirtschaftlichkeitsnachweis	4.1.1	Monatsberichte
1.4.4	Änderungsanträge	4.1.2	Projektstatusberichte
1.5	Entscheidungsunterlagen	4.1.3	Inspektions-/Testberichte
1.5.1	El-Präsentationsunterlagen	4.2	Aufgabenbeschreibungen
1.5.2	El-Protokolle	4.2.1	Mitarbeiterbezogene Aufgabenbeschreibungen
1.5.3	Prioritätsliste	4.2.2	Unteraufträge
		4.3	Projektunterlagen
2	Projektplanung	4.3.1	Präsentationsunterlagen
2.1	Arbeitspaketplanung	4.3.2	Aufwandserfassungsbelege
2.1.1	Projektstrukturplan	4.3.3	Rechnungen
2.1.2	Arbeitepaketbeschreibung	4.3.4	Projekttagebuch
2.1.3	Phasen-/Meilensteinplan	4.3.5	Bibliotheksverzeichnis
2.2	Terminplan	4.3.6	Verteilerkeise
2.3	Kostenplan	4.4	Schriftwechsel
2.3.1	Kostenstruktur	4.4.1	Entscheidungsinstanz
2.3.2	Kostenverteilung	4.4.2	Beraterausschuß
2.4	Personalplanung	4.4.3	Anwender
2.4.1	Mitarbeitereinsatzplanung	4.4.4	Sonstiger Schriftwechsel
2.4.2	Aus- und Weiterbildung		
2.5	Betriebsmittelplanung	5	Projektabschluß
2.5.1	Investitionen	5.1	Abnahme
2.5.2	Test-/Prüfanalgen	5.1.1	Freigabemitteilung
2.5.3	Eingesetzte Werkzeuge/Verfahren	5.1.2	Betreuungsvereinbarung
2.5.4	Richtlinen/Auflagen	5.2	Abweichungsanalyse
2.6	Qualitätsplanung	5.3	Erfahrungsdaten
2.7	Krisenplanung	5.4	Projektauflösung

Anhang 2: Darstellung der frei hierarchischen Dokumentationsstruktur
Quelle Burghardt, M.: 1993 S. 359.

Berichtsplan								
Projekt: SAP R/3-Einführung am Standort Ost Bereich: PP, MM, SD PL: Mustermann						Datum 28.05.1997		
Empfängerkreis			Projektberichte					
Name	Organisations- einheit	Ort (Gebäude-Nr)	Monatsberichte	Terminliste	Mitarbeiter-Einsatz	Kostenübersicht	MTA	
Projektleiter	EDV	I-A	mtl.	mtl.	mtl.	mtl.	mtl.	
Teilprojektleiter MM	MAWI	I-AI	mtl.					
Teilprojektleiter SD	Vertrieb	III-B	mtl.	halbj.	mtl.	halbj.	quart.	

Anhang 3: Berichtsplan
Quelle: Burghardt, M.: 1993 S. 365.

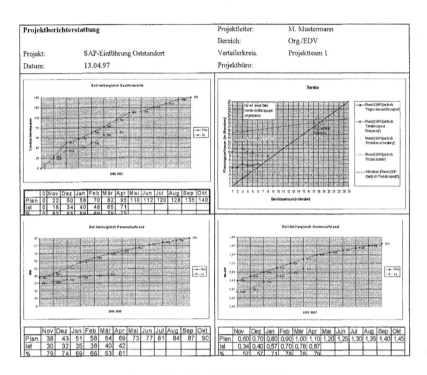

Anhang 4: Grafikdarstellungen in Berichtsform
Quelle: Burghardt, M.: 1993 S. 373.

Projekt-besprechungen / Teilnehmer	Projektversammlung	Gruppenleiterversammlung	Abteilungsleiterbesprechung	Bereichsleiterbesprechung	Kaufm. Leitungskreis	Techn. Leitungskreis	Entscheidungsinstanz-Sitzung	Beraterausschuß-Sitzung	Projektstatusbesprechungen	Meilenstein-Sitzungen	Phasenentscheidungs-Sitzungen
Projektmitarbeiter	X	(X)						(X)		(X)	
Gruppenleiter	X	X					(X)	X	X	X	(X)
Projektleiter	X	X	X		(X)	(X)	X	X	X	X	X
Abteilungsleiter	(X)		X	(X)	(X)	(X)	X			(X)	X
Bereichsleiter				X	(X)	X			(X)		(X)
F&E-Kaufmann				X	X		X		X	(X)	(X)
Geschäftsleitung				(X)	X	X					
Auftragnehmer							X	(X)	(X)	(X)	X
Unterauftragnehmer	(X)							(X)	X	X	X
Berater, Experten	(X)						(X)	X	(X)		

X = Anwesenheit erforderlich; (X) = Anwesenheit problemabhängig

Anhang 5: Teilnehmerkreis von Projektbesprechungen
Quelle: Burghardt, M.: 1993 S. 377.

Projektmerkmal \ Bewertung (in Punkten)	1	2	3	4	Summe der Punkte (hier als Bsp.)
1. Investitionsvolumen	unter 1 Mio. DM	1-5 Mio. DM	5-10 Mio. DM	ab 10 Mio. DM	2
2. Neuartigkeit	wird auf diese Weise oft bearbeitet	wurde so oder ähnlich durchgeführt	Erfahrungen Dritter muß genutzt werden	techn. und organisatorisches Neuland	4
3. Zeitdauer	< 1 Jahr	1-3 Jahre	3-5 Jahre	> 5 Jahre	2
4. Häufigkeit	regelmäßige Wiederhohlungen	sporadische Wieder- hohlungen	Wieder- hohlung denkbar	absolut einmalige Durchführung	4
5. Risiko	kaum Auswirkungen	Auswirkungen auf Teilbereiche	für das gesamte Unternehmen bedeutend	für die Zukunft des Unternehmens entscheidend	4
6. Komplexität -technisch	leicht überschaubar	überschaubar	mit Mühe zu überblicken	kaum tranparent darzustellen	3
7. Komplexität -organisatorisch	leicht überschaubar	überschaubar	mit Mühe zu überblicken	kaum tranparent darzustellen	3
8. Komplexität -personell	4 und weniger Mitarbeiter	5-10 Mitarbeiter	11-14 Mitarbeiter	ab 15 Mitarbeiter	4

Legende:		Summe:	26
> 27 Punkte	entspricht Großprojekt		
26-18 Punkte	entspricht Mittelprojekt		
17-10 Punkte	entspricht Kleinprojekt		
< 10 Punkte	entspricht Routineaufgabe		

Anhang 6: Bewertungsschema zur Projektklassifizierung
Quelle: Friedrich, A.: 1995 S15..

Nr.	Vorgangsname	Dauer	Anfang	Ende			März						April			
					24.02.	03.03.	10.03.	17.03.	24.03.	31.03.	07.04.	14.04.	21.04.	28.04.	05.05.	
1	R/3 Customizing: Vorgehensmodell	181t	12.12.96	29.09.97												
2	**Phase-1: Organisation und Konzeption**	**45t**	**12.12.96**	**12.03.97**												
3	Projekt vorbereiten	2t	12.12.96	13.12.96												
4	Systemlandschaft einrichten	3t	17.02.97	19.02.97												
5	Projektteam schulen	38t	16.01.97	12.03.97												
6	*Prozesse/Funktionen festlegen*	21t	20.01.97	19.02.97												
7	Prozesse/Funktionen festlegen FI/CO	3t	20.01.97	22.01.97												
8	Prozesse/Funktionen festlegen MM	3t	03.02.97	05.02.97												
9	Prozesse/Funktionen festlegen PP	3t	17.02.97	19.02.97												
10	Prozesse/Funktionen festlegen SD	4t	29.01.97	14.02.97												
11	Schnittstellen und Systemerweiterungen entwerfen	2t	27.02.97	28.02.97												
12	Qualitätsprüfung Sollkonzept	1t	12.03.97	12.03.97												
13	**Phase-2: Detaillierung und Realisierung**	**69t**	**27.02.97**	**12.06.97**												
14	Globale Einstellungen vornehmen	1t	27.02.97	27.02.97												
15	Unternehmensstruktur abbilden	1t	28.02.97	28.02.97												
16	*Grund- und Stammdaten abbilden*	53t	03.03.97	23.05.97												
17	Grund- und Stammdaten abbilden MM	12t	03.03.97	07.05.97												
18	Grund- und Stammdaten abbilden PP	17t	10.03.97	23.05.97												
19	Grund- und Stammdaten abbilden SD	17t	13.03.97	23.05.97												
20	*Prozesse/Funktionen abbilden*	53t	03.03.97	23.05.97												
21	Prozesse/Funktionen abbilden FI/CO	5t	14.04.97	18.04.97												
22	Prozesse/Funktionen abbilden MM	12t	03.03.97	07.05.97												
23	Prozesse/Funktionen abbilden PP	17t	10.03.97	23.05.97												
24	Prozesse/Funktionen abbilden SD	17t	13.03.97	23.05.97												

Anhang 7: Darstellung der Ablauf und Terminplanung mit MS-Projekt (Ausschnitt)
Quelle: MS-Project 5/97.

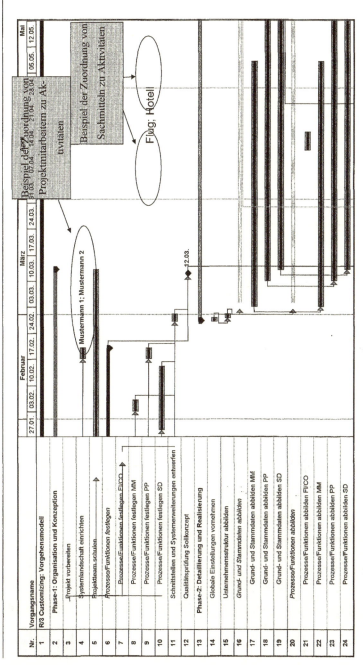

Anhang 8: Material- und Kapazitätsplanung in MS-Projekt
Quelle: MS-Project 5/97.

Externer Aufwand in Manntagen und DM: SAP-Projekt Oststandort 1997

Projektstufen	Einführung Oststandort gesamt					Projektleitung		Finanzen/ Controlling		Materialwirt- schaft		Produktion		Vertrieb		Basis	
	SAP	MUSTER-WERKE	Team-Größe	Verfüg-barkeit	Projekt Dauer	SAP	MUSTER-WERKE	SAP	MUSTER-WERKE	SAP	MUSTER-WERKE	SAP	MUSTER-WERKE	SAP	MUSTER-WERKE	SAP	MUSTER-WERKE
Phase 1	25	42	2	50%	42	3	6	6	12	5	10	3	6	4	8	4	12
Phase 2	69	134	2	50%	134	4	8	6	12	14	28	22	44	21	42	2	6
Phase 3	2	4	2	50%	4	2	4	0	0	0	0	0	0	0	0	0	0
Phase 4	0	0	2	50%	0	0	0	0	0	0	0	0	0	0	0	0	0
davon Tage am Oststand-ort	40	80	2	50%	80	0	0	0	0	8	16	18	36	14	28	0	0
Summe ohne Schnittstellen und Datenübernahme	96	180	3	50%	120	9	18	12	24	19	38	25	50	25	50	6	18

* Die Berateranwesenheit an Ost-Standorten beträgt durchschnittlich 3 Tage / Beratungsserie

Beraterkosten K3 je Tag	1.820 DM				
Beratungskosten	174.720 DM				
Reisezeiten/-Kosten	30.976 DM	Walldorf-	0,7 h	==>	Beratertage x 1,5 h (MUSTER-WERKE) bzw. 3h (Oststandort) x 110 DM/h
Fahrtkosten (Auto)	7.168 DM	Walldorf-	70 KM	==>	Beratertage x 70 KM (MUSTER-WERKE) x ,80 DM / KM (MUSTER- hin und zurück)
Flugkosten	7.150 DM	FRA-LEJ	715 DM	==>	Beratertage x 750,- DM
Taxikosten	0 DM	* je Serie	0 DM	==>	Flughafen <==> Oststandort <==> Hotel
Parkgebühren	960 DM	je Tag	24 DM	==>	Parkgebühren je Tag (Ffm.)
Spesen	4.800 DM	je Tag	50 DM	==>	Beratertage x 50 DM / Tag (SAP)
Hotelkosten	2.550 DM	je Tag	85 DM	==>	Beratertage x 150 DM / Tag
Gesamtsumme	228.324 DM				

Anhang 9: Darstellung der Aufwände und Kosten in Excel

Aus Geheinhaltungsgründen nicht darstellbar

Anhang 10: Kostenzuordnungstabelle in MS-Projekt
Quelle: MS-Project 5/97.

Nr.	Vorgangsname	Feste Kosten	Gesamtkosten	Geplant	Abweichung	Aktuell	Verbleibend	17.02.	24.02.	03.03.
1	R/3 Customizing: Vorgehensmodell	0,00 DM	0,00 DM	0,00 DM	0,00 DM	0,00 DM	0,00 DM			
2	Phase-1: Organisation und Konzeption	0,00 DM	0,00 DM	0,00 DM	0,00 DM	0,00 DM	0,00 DM			
3	Projekt vorbereiten	0,00 DM	0,00 DM	0,00 DM	0,00 DM	0,00 DM	0,00 DM			
4	Systemlandschaft einrichten	0,00 DM	0,00 DM	0,00 DM	0,00 DM	0,00 DM	0,00 DM	17.02.		
5	*Prozesse/Funktionen festlegen*	*0,00 DM*	*0,00 DM*	*0,00 DM*	*0,00 DM*	*0,00 DM*	*0,00 DM*			
6	Prozesse/Funktionen festlegen FI/CO	0,00 DM	0,00 DM	0,00 DM	0,00 DM	0,00 DM	0,00 DM			
7	Prozesse/Funktionen festlegen MM	0,00 DM	0,00 DM	0,00 DM	0,00 DM	0,00 DM	0,00 DM			
8	Prozesse/Funktionen festlegen PP	0,00 DM	0,00 DM	0,00 DM	0,00 DM	0,00 DM	0,00 DM	17.02.		
9	Prozesse/Funktionen festlegen SD	0,00 DM	0,00 DM	0,00 DM	0,00 DM	0,00 DM	0,00 DM			
10	Schnittstellen und Systemerweiterungen entwerfen	0,00 DM	0,00 DM	0,00 DM	0,00 DM	0,00 DM	0,00 DM		27.02.	
11	Qualitätsprüfung Sollkonzept	0,00 DM	0,00 DM	0,00 DM	0,00 DM	0,00 DM	0,00 DM			
12	Phase-2: Detaillierung und Realisierung	0,00 DM	0,00 DM	0,00 DM	0,00 DM	0,00 DM	0,00 DM		27.02.	
13	Globale Einstellungen vornehmen	0,00 DM	0,00 DM	0,00 DM	0,00 DM	0,00 DM	0,00 DM		28.02.	
14	Unternehmensstruktur abbilden	0,00 DM	0,00 DM	0,00 DM	0,00 DM	0,00 DM	0,00 DM			
15	*Grund- und Stammdaten abbilden*	*0,00 DM*	*0,00 DM*	*0,00 DM*	*0,00 DM*	*0,00 DM*	*0,00 DM*			
16	Grund- und Stammdaten abbilden MM	0,00 DM	0,00 DM	0,00 DM	0,00 DM	0,00 DM	0,00 DM			03.03.
17	Grund- und Stammdaten abbilden PP	0,00 DM	0,00 DM	0,00 DM	0,00 DM	0,00 DM	0,00 DM			
18	Grund- und Stammdaten abbilden SD	0,00 DM	0,00 DM	0,00 DM	0,00 DM	0,00 DM	0,00 DM			
19	*Prozesse/Funktionen abbilden*	*0,00 DM*	*0,00 DM*	*0,00 DM*	*0,00 DM*	*0,00 DM*	*0,00 DM*			
20	Prozesse/Funktionen abbilden FI/CO	0,00 DM	0,00 DM	0,00 DM	0,00 DM	0,00 DM	0,00 DM			
21	Prozesse/Funktionen abbilden MM	0,00 DM	0,00 DM	0,00 DM	0,00 DM	0,00 DM	0,00 DM			
22	Prozesse/Funktionen abbilden PP	0,00 DM	0,00 DM	0,00 DM	0,00 DM	0,00 DM	0,00 DM			03.03.
23	Prozesse/Funktionen abbilden SD	0,00 DM	0,00 DM	0,00 DM	0,00 DM	0,00 DM	0,00 DM			
24	*Schnittstellen und Systemerweiterungen realisieren*	*0,00 DM*	*0,00 DM*	*0,00 DM*	*0,00 DM*	*0,00 DM*	*0,00 DM*			

Anhang 11: Kostenzuordnung über die Ressourcen zu den einzelnen Aktivitäten
Quelle: MS-Project 5/97.

Quelle: Projekt-büro: ® SAP	Formblatt: Project/Subproject Titel:	Checkliste Osistandort/Teilprojekt Process/Function ID	
Datei Name:	Checkmm.docCh eckmm.doc	Arbeitspaket:	Abschlußtest Funktionen

Nr.	Modul	Prozeß	Ja	Nein	Kommentar
	MM	**Grunddaten Logistik**			
1		Materialstammbearbeitung	☐	☐	
		Einkauf			
2		Lieferantenstammbearbeitung	☐	☐	
3		Kontraktbearbeitung	☐	☐	
4		Infosatzbearbeitung	☐	☐	
5		Bestellanforderungsbearbeitung	☐	☐	
6		Bestellanforderungszuordnung	☐	☐	
7		Anfragebearbeitung	☐	☐	
8		Angebotsbearbeitung	☐	☐	
9		Kontraktbestellabruf	☐	☐	
10		Bestellungsbearbeitung	☐	☐	
		Bestandsführung			
13		Reservierungsbearbeitung	☐	☐	
14		Wareneingangsbearbeitung mit Bestellbezug	☐	☐	
15		Wareneingangsbearbeitung aus Produktion	☐	☐	

Kommentar ggf. auf einem gesonderten Blatt

2)Status 01=in Arbeit, 02=beendet, 03=nicht relevant

Last changed on: 23.06.97 15:53	Last changed by: P_SAP4/Mustermann		Version:	Seite: 12 of 2

Anhang 12: Checkliste Abschlußtest Modul MM
Quelle: Mustermann, M.: 6/97.

Aus Geheimhaltungsgründen nicht abbildbar.

Anhang 13: Auszug aus dem Projekt-IMG; Darstellung der Statusausprägungen
Quelle: SAP-System der MUSTER-WERKE.

Aus Geheimhaltungsgründen nicht abbildbar.

Anhang 14: Auszug aus dem Projekt-IMG; Darstellung der Plan-, Ist- und Restaufwände
Quelle: SAP-System der MUSTER-WERKE.

® SAP	Formblatt: Project/Subproject: Titel:	Checkliste Oststandort/Teilprojekt Process/Function ID				
Datei Name:	CHECKPP.DOC	Arbeitspaket:	Abschlußtest Funktionen			
Nr.	Modul	Prozeß		Ja	Nein	Kommentar
	PP	**Grunddaten**				
1		Materialstammbearbeitung		☐	☐	
2		Materialstücklistenbearbeitung			☐	
3		Standardstücklistenbearbeitung			☐	
4		Arbeitsplatzbearbeitung		☐	☐	
5		Arbeitsplanbearbeitung		☐	☐	
		Absatz-/ Produktionsgrobplanung				
6		Prognose		☐	☐	
		Produktionsplanung				
7		Programmplanung		☐	☐	
		Bedarfsplanung				
8		Materialbedarfsplanungvormerkung		☐	☐	
9		Materialbedarfsplanung Gesamt		☐	☐	
10		Materialbedarfsplanung Einzel		☐	☐	
:		Auftragseröffnung				
15				☐	☐	
16		Auftragsfreigabe		☐	☐	
17		Rückstandsbearbeitung		☐	☐	
18		Auftragsdruck		☐		
:						

[2]Status: 01=in Arbeit, 02=beendet, 03=nicht relevant

Kommentar ggf. auf einem gesonderten Blatt

Last changed on: 23.06.97 15:52	Last changed by: P. SAP4/Mustermann		Version:	Seite: 15 of 2

Anhang 15: Checkliste Abschlußtest Modul PP (Ausschnitt)

Quelle: Mustermann, M.: 6/97.

®	Formblatt:	Checkliste
	Project/Subproject: Titel:	Oststandort/Teilprojekt Process/Function ID
Datei Name:	Check3.doc	Arbeitspaket: Qualitätsprüfung Produktivsystem

Nr.

		Ja	Nein	Kommentar

Anwenderschulungen

Nr.		Ja	Nein
1	Sind die Anwender ausreichend geschult um ihre Funktionen durchzuführen ?	☐	☐
2	Sind standortspezifische Beispiele in den Anwenderschulungen benutzt worden ?	☐	☐
3	Können die Anwender Ihre Kenntnisse selbständig weiterentwickeln ?	☐	☐
4	Haben die Anwender einen groben Überblick über das gesamte System ?	☐	☐
5	Sind sich alle Anwender über das Datum der Produktivsetzung bewußt ?	☐	☐

Produktivumgebung einrichten

Nr.		Ja	Nein
6	Ist das Produktivsystem auf einem seperaten System installiert worden ?	☐	☐
7	Sind alle Schnittstellen und Erweiterungen implementiert ?	☐	☐
8	Ist die Performance des Produktivsystems getestet worden ?	☐	☐
9	Ist die Hardware und Software am Arbeitsplatz der Anwender installiert ?	☐	☐
10	Ist die Systemkonfiguration dokumentiert ?	☐	☐

Anwenderdokumentation

Nr.		Ja	Nein
11	Sind alle Prozesse dokumentiert worden ?	☐	☐
12	Ist die Anwenderdokumentation in der Schulung benutzt worden ?	☐	☐
13	Haben die Anwender Zugang zur Dokumentation (Online, Printfiles) ?	☐	☐
14	Gibt es einen Verantwortlichen für die Pflege der Anwenderdokumentation ?	☐	☐

Kommentar ggf. auf einem gesonderten Blatt

2)Status:01=in Arbeit, 02=beendet, 03=nicht relevant

Last changed on:	Last changed by:	Version:	Seite:
19.06.97 11:49	MUSTER-WERKE/FDO/Hy/Mustermann		16 of 2

Anhang 16:Checkliste Arbeitspaket Qualitätsprüfung Produktivsystem (Ausschnitt)

Quelle: Mustermann, M.: 6/97.

Struktur anzeigen: Projekt: 010 Sicht: Kritische Aktivitäten zum Proje

Struktur Bearbeiten Springen Information Hilfsmittel Standarddarstellung System Hilfe

Aufreißen/Verbergen | Weitere Objektverw.

Globale Einstellungen	für Review vorgesehen
Unternehmensstruktur	für Review vorgesehen
Definition	abgeschlossen
Zuordnung	für Review vorgesehen
Kopierfunktionen	nicht relevant
Anwendungsübergreifende Komponenten	nicht relevant
Finanzwesen	in Arbeit
Controlling	in Arbeit
Unternehmenscontrolling	nicht relevant
Logistik Allgemein	für Review vorgesehen
Vertrieb	in Arbeit
Stammdaten	abgeschlossen
Grundfunktionen	in Arbeit
Verkauf	abgeschlossen
Versand	abgeschlossen
Transport	abgeschlossen
Außenhandel	nicht relevant
Fakturierung	in Arbeit
Vertriebsunterstützung	nicht relevant
Electronic Data Interchange	nicht relevant
Datenübernahme und Archivierung	für Review vorgesehen
Systemanpassung	für Review vorgesehen
Berechtigungsverwaltung	für Review vorgesehen
Materialwirtschaft	in Arbeit
Einkauf	in Arbeit
Bestandsführung	in Arbeit
Bewertung und Kontierung	abgeschlossen
Lagerverwaltung	nicht relevant
Rechnungsprüfung	in Arbeit
Produktion	in Arbeit

D01 (1) (010) dewsa01 OVR 11:59   11:58

Start | Microsoft Word - Anhang.d.. | R/3 Glossar | Struktur anzeigen: Pr...

Anhang 17: Auszug aus dem Projekt-IMG ; Darstellung der Sicht „Kritische Aktivitäten"
Quelle: SAP-System der MUSTER-WERKE

Aus Geheimhaltungsgründen nicht abbildbar.

Anhang 18: Auszug aus dem Projekt-IMG ; Darstellung der Sicht „Kritische Aktivitäten"
Quelle: SAP-System der MUSTER-WERKE

Anhang 19: Auszug aus dem Projekt-IMG ; Darstellung der „Notiztypen"
Quelle: SAP-System der MUSTER-WERKE

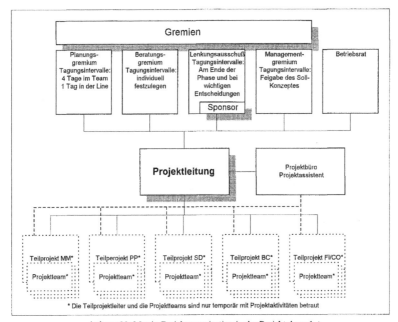

Anhang 20: Matrix-Projektorganisation in der Projektphase 1
Quelle: Eigene Darstellung

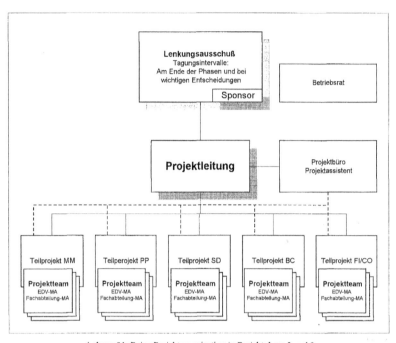

Anhang 21: Reine Projektorganisation in Projektphase 2 und 3
Quelle: Eigene Darstellung

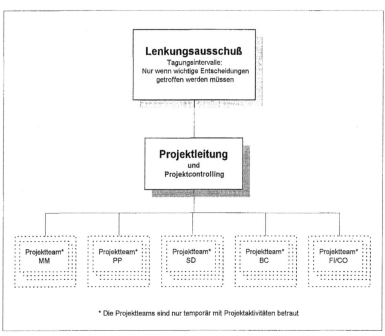

Anhang 22: Projektmanagement in der Linie in Projektphase 4
Quelle: Eigene Darstellung

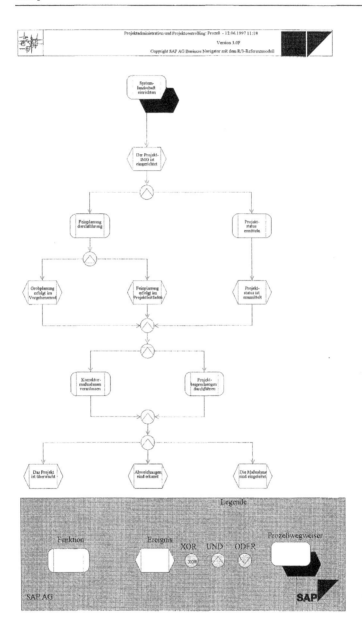

Anhang 23: Projektablauforganisation aus dem R/3-Referenzmodell
Quelle: SAP-System der MUSTER-WERKE 6/97.

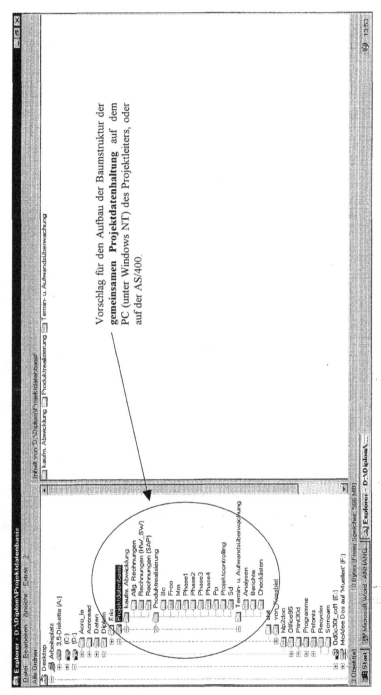

Anhang 24: Verzeichnisstruktur der gemeinsamen Projektdatenbasis
Quelle: Eigene Darstellung

Projektberichterstattung		Projektleiter:	M. Mustermann
Projektstatusbericht:		Bereich:	Org./EDV
Projekt:	SAP-Einführung Münster	Empfängerkreis.	Projektteam MM; Anwednungsberater MM; SAP-Berater
Datum:	01.08.1997	Projektbüro:	Projektleitung

Sehr geehrte Kollegen,

zur Komplettierung ihrer Unterlagen übergebe ich die aktuelle Projektsituation im Hinblick auf den Sachfortschritt (siehe Grafik links oben), Personalaufwand (Grafik rechts oben), die Kostensituation (Grafik links unten) und die zukünftige Terminsituation im R/3-Projekt Münster.

MfG.

Projektleiter

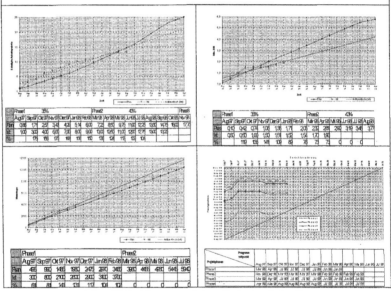

Anhang 25: Berichterstattung in textueller und grafischer Form
Quelle: Eigene Darstellung

Teilnehmer \ Projektbesprechungen/ Tagungsturnus	Kick-off-Meeting / Projektbeginn	Teilprojektleitersitzungen / monatlich	Lenkungsausschußsitzungen / Phasenabschluß	Projektstatusbesprechungen / 14-tägig	Phasenentscheidungssitzungen / Phasenbeginn	Meilensteinsitzungen / meilensteinbezogen	Projektworkshops / nach Erfordernis
Projektleiter	X	X	X	X	X	X	(X)
Teilprojektleiter	X	X	(X)	X	X	X	(X)
Projektmitarbeiter	X	(X)		X		(X)	X
Anwendungsberater	X	X	(X)	X	X	X	(X)
Geschäftsleitung	X		X				
Fachabteilungsmitarbeiter	X			(X)		(X)	(X)
SAP-Berater	X	X	(X)	(X)		(X)	(X)
Betriebsratmitglied	X		(X)				

X = Anwesenheit erforderlich; (X) = Anwesenheit problemabhängig

Anhang 26: Teilnehmerkreis und Tagungsturnus bei Projektbesprechungen
Quelle: Eigene Darstellung

Wissensquellen gewinnbringend nutzen

Qualität, Praxisrelevanz und Aktualität zeichnen unsere Studien aus. Wir bieten Ihnen im Auftrag unserer Autorinnen und Autoren Wirtschafts-studien und wissenschaftliche Abschlussarbeiten – Dissertationen, Diplomarbeiten, Magisterarbeiten, Staatsexamensarbeiten und Studien-arbeiten zum Kauf. Sie wurden an deutschen Universitäten, Fachhoch-schulen, Akademien oder vergleichbaren Institutionen der Europäischen Union geschrieben. Der Notendurchschnitt liegt bei 1,5.

Wettbewerbsvorteile verschaffen – Vergleichen Sie den Preis unserer Studien mit den Honoraren externer Berater. Um dieses Wissen selbst zusammenzutragen, müssten Sie viel Zeit und Geld aufbringen.

http://www.diplom.de bietet Ihnen unser vollständiges Lieferprogramm mit mehreren tausend Studien im Internet. Neben dem Online-Katalog und der Online-Suchmaschine für Ihre Recherche steht Ihnen auch eine Online-Bestellfunktion zur Verfügung. Inhaltliche Zusammenfassungen und Inhaltsverzeichnisse zu jeder Studie sind im Internet einsehbar.

Individueller Service – Gerne senden wir Ihnen auch unseren Papier-katalog zu. Bitte fordern Sie Ihr individuelles Exemplar bei uns an. Für Fragen, Anregungen und individuelle Anfragen stehen wir Ihnen gerne zur Verfügung. Wir freuen uns auf eine gute Zusammenarbeit.

Ihr Team der Diplomarbeiten Agentur

Diplomica GmbH ————
Hermannstal 119k ————
22119 Hamburg ————

Fon: 040 / 655 99 20 ————
Fax: 040 / 655 99 222 ————

agentur@diplom.de ————
www.diplom.de ————